仲裁・ADR フォーラム Vol.4

社団法人　日本仲裁人協会

まえがき　　　　　　　　　　　　　　　　　　　　㈳日本仲裁人協会　理事長　谷口安平

　2003年に任意団体として発足した日本仲裁人協会が社団法人となってから既に7年目に入っております。当協会は2003年の新仲裁法，2004年のいわゆるADR基本法（裁判外紛争解決手続の利用の促進に関する法律，2007年4月施行）の制定の動きに対応して，CIArbとして世界的に知られるイギリスのChartered Institute of Arbitratorsに匹敵する組織を日本でも作ろうという壮大な構想のもとで発足しました。紛争当事者から付託を受けた中立の第三者たる私人が拘束力ある裁断を下すという厳密な意味での仲裁は，制度として明治時代から存在するものの，さほど活発に利用されてきたとは申せません。他方，日本社会では伝統的に紛争の和解的解決が好まれ，裁判所も大正時代から調停を制度化し，現在に至るも簡易裁判所や家庭裁判所で大量の民事紛争が処理されていることは周知のとおりであります。ADR基本法はこれに加えて民間機関による調停・斡旋等の紛争解決を促進することを目的としております。本家のCIArbや伝統的仲裁機関でもADRの世界的隆盛に対応して，仲裁だけでなく調停（mediation）にも関心を払うようになってきておりますので，日本仲裁人協会の設立趣旨は世界の動向にも合致していたと申せます。

　そのような背景のもと，日本仲裁人協会は仲裁人だけでなく調停人をも等しく視野に入れ，まま混同されることもある仲裁と調停の意義についての一般的啓蒙活動，仲裁人や調停人の研修などを，また仲裁人についてはCIArbに倣って資格認定を行うプログラムを実施してまいりました。ただ，新仲裁法の施行とともに大幅に増加するかと期待された仲裁事件はさしたる増加を見せていないのが実情であり，多数の仲裁人の需要は今のところ見込まれず，仲裁人研修や資格認定の制度についてはより現実に合致したものとすべく検討中であります。他方，調停人の研修については高い関心を寄せていただいており，最近の研修講座には裁判所の調停委員の皆様にも多数ご参加いただきました。

　近時，子の奪取に関するハーグ条約なるものが盛んに話題に上っていることはご承知かと思います。この条約に日本が加盟いたしますと，外務省が窓口となって条約に従った解決が裁判所によってなされなければならなくなりますが，そこに至るまでに両親の間で子の監護や面会交流について合意がなされればこれに越したことはありません。日本仲裁人協会では子を巡るこのような国際的紛争の調停による解決についてプロジェクト・チームを立ち上げ，外務省や日本弁護士連合会との連携のもとに研究や試行を行ってまいりました。将来，当協会自身がこのような事件の調停を担当する可能性をも見越して定款の改正も行いました。今後の展開にご注目いただきたいと存じます。

　これらの活動に加え，またこれらの活動を支えるものとして，会員を対象とする研究会が原則として毎月開催されております。ここでは，会員または非会員による仲裁やADRに関する内外の実情の紹介や，理論的研究成果が披露され，会員が現時の諸問題について認識を共有することに役立ってまいりました。また一般的啓蒙活動として，関連のテーマによる講演会，シ

ンポジウムなどを東京および関西支部（大阪）において開催してまいりました。この分野における最近の大きなプロジェクトとして，2012年5月には海外の著名な専門家の協力を得て，国際商事仲裁の最初から最後までを見ていただける模擬仲裁を行い（大阪へはテレビ生中継），500名を超える各界の皆様にご参加いただきました。

　先に述べましたように，仲裁人協会は多くの会員の皆様の献身的な努力に支えられて今日に至りましたが，諸々の問題を抱えていることも事実であります。今後はこれらの問題を地道に解決しつつ，我が国の実情に適した仲裁と調停のあり方を探り，実践を重ねて行きたいと存じます。本誌は，本会の研究活動の成果を全会員の皆様のみならず広く一般の研究者や実務家に知っていただくとともに，本会の諸事業についても情報を提供することを目的としております。今後とも本会への絶大なご協力をお願い申し上げます。また，末筆ながら，本号から本誌の出版を引き受けていただいた信山社に謝意を表します。

　2013年1月

目 次

まえがき	谷口　安平	3
国民生活センターADRに関する法制度の概要	森　大樹	7
国民生活センター紛争解決委員会によるADRの概要と実施状況	枝窪　歩夢	19
IBA証拠規則の改訂状況 （2009年IBAマドリッド大会Open Forumでの報告とその後の状況）	手塚　裕之	33
仲裁人候補者名簿の効用について	松元　俊夫	39
UNCITRAL仲裁部会における 投資仲裁条約手続透明性規則作成作業	濱本　正太郎	45
国際仲裁手続と外国倒産手続	手塚　裕之	61
アメリカ仲裁協会 紛争解決国際センター（AAA/ICDR）における国際仲裁の実務	井上　葵	75
福祉的機能再考	入江　秀晃	87
ICC仲裁におけるICC国際仲裁裁判所の役割	小田　博	99

日本仲裁人協会の歩み　（109）

国民生活センターADRに関する法制度の概要

森　大樹（もり　おおき）
弁護士

国民生活センターADRに関する法制度の概要

I はじめに

筆者は,独立行政法人国民生活センター(以下「国民生活センター」という)の所管官庁であった内閣府国民生活局の任期付職員として,同センターにおける消費者紛争に関する裁判外紛争解決手続(以下「国民生活センターADR」という)の創設に関する企画・立案業務を担当していた。そこで,本稿では,国民生活センターADRに関する法制度の概要を紹介する。

なお,本稿中の意見にわたる部分は,筆者個人の見解であり,筆者が所属するいかなる団体の意見をも表明するものではない。

II 改正の背景及び検討経緯

(1) 改正の背景

近年,消費生活に関して消費者と事業者との間に生じた消費者紛争は増加基調にあり1,またその内容も複雑・多様化している。そして,消費者紛争は,その当事者である消費者と事業者との間に情報の質及び量並びに交渉力において格差があることや,被害金額が少額であることが多いこと等の事情から,訴訟手続のみで被害救済を図るには一定の限界がある。

国際的にも,平成19年7月に,消費者が不必要な費用又は負担を負うことなく,公正,簡便で時宜を得た効果的な紛争解決及び救済を利用できることを確保するために,現行の紛争解決及び救済の枠組みを見直すべきであるなどとする「消費者の紛争解決及び救済に関するOECD理事会勧告」が採択されている。

このような背景事情もあって,消費者基本法において事業者と消費者との間に生じた苦情の処理のあっせん等における中核的な機関として位置付けられている国民生活センターによるADRを整備し,消費者紛争の適正かつ迅速な解決の促進を図ることが求められていた。

(2) 検討経緯

政府は,国民生活審議会や国民生活センターの在り方等に関する検討会における議論を踏まえて,第169回国会に「独立行政法人国民生活センター法の一部を改正する法律案」を国会に提出した。

同法律案は,衆参両院いずれも全会一致で原案のとおり可決され,平成20年4月25日に成立し,同年5月2日に公布された。続いて,同法施行規則(以下「規則」という)及び独立行政法人国民生活センター紛争解決委員会業務規程(以下「業務規程」という)が制定され,平成21年4月1日から国民生活センターADRが施行されている。

III 国民生活センターADRの概要

(1) はじめに

独立行政法人国民生活センター法(以下「本法」又は「法」という場合がある)が改正されたことによって,同センターに紛争解決委員会(以下「委員会」という)が設置され,同委員会において,後述する重要消費者紛争について,「和解の仲介手続」及び「仲裁の手続」という二種類の裁判外紛争解決手続が実施されることとなった。

(2) 定　義
　(a)　「消費者紛争」と「重要消費者紛争」
　本法では，「消費者紛争」と「重要消費者紛争」という二つの概念が用いられている。前者については，その苦情の処理について国民生活センターによるあっせん（法41条2号）という方法が，後者については，委員会による重要消費者紛争解決手続（法11条以下）という手続がそれぞれ用意されている。
　(b)　消費者紛争（法1条の2第1項）
　「消費者紛争」とは，消費生活に関して消費者又は消費者契約法に規定する差止請求を行う適格消費者団体と事業者との間に生じた民事上の紛争をいう（法1条の2第1項）。
　消費生活に関して生じた紛争でなければならないのは，たとえ消費者と事業者との間に生じた紛争であっても，労働関係に関する紛争など，消費生活に関連しない民事上の紛争を除外する趣旨である。
　「消費者紛争」の定義を構成する「消費者」と「事業者」の定義は，それぞれ消費者契約法に定められたそれと似て非なるものとなっている。消費者契約法は消費者と事業者との間で締結される消費者契約の効力などを規律する法律であるが，消費者と事業者との間に生じる民事上の紛争は，そのような消費者契約の当事者である消費者と事業者との間に生じた紛争が典型的なものではあるが，それにとどまるものではなく，製品事故における消費者と製造業者との間に生じた紛争のように当事者間に契約関係がない紛争も存在する。そこで，そのような紛争についても，国民生活センターADRの対象とするために，「消費者」と「事業者」の定義は，消費者契約法の定義とやや異なるものとなっている。

　また，適格消費者団体は，不当な勧誘等についての差止請求権を有しており，その差止請求権の存否に関して事業者との間に紛争が生じることもある。そのような紛争も適格消費者団体が不特定かつ多数の消費者の利益のために活動することによって生じたものであるから，消費者契約法に規定する差止請求権（平成20年法律第29号による改正後の景品表示法や特定商品取引法に基づく差止請求権を含む）を行使する場面の適格消費者団体を一方当事者とする紛争についても，「消費者紛争」に含むこととされており，実際にも適格消費者団体により活用された例があるようである。
　(c)　重要消費者紛争（法1条の2第2項）
　「重要消費者紛争」とは，消費者紛争のうち，消費者に生じ，若しくは生ずるおそれのある被害の状況又は事案の性質に照らし，国民生活の安定及び向上を図る上でその解決が全国的に重要であるものとして内閣府令で定めるものをいう（法1条の2第2項）。
　「消費者紛争」と「重要消費者紛争」は，委員会による手続の対象となるか否かという点において異なるものであるところ，消費者紛争の多様性や消費生活の高度化・多様化の進展の中で紛争の発生傾向が変わりやすいという事情があること等を勘案して，委員会が取り扱う「重要消費者紛争」の具体的内容は，内閣府令で定めることとされている。そして，内閣府令では，重要消費者紛争とは，
　①　同種の被害が相当多数の者に及び，又は及ぶおそれがある事件に係る消費者紛争
　②　国民の生命，身体又は財産に重大な危害を及ぼし，又は及ぼすおそれがある事

国民生活センターADRに関する法制度の概要

　件に係る消費者紛争
③　①・②のほか，争点が多数であり，又は錯そうしているなど事件が複雑であることその他の事情により委員会が実施する解決のための手続によることが適当であると認められる消費者紛争

であって，国民生活センターが指定するものをいうと定められている（規則1条）。すなわち，内閣府令は，一定の類型を示しながらも，最終的には，国民生活センターが，その対象事案を定めることを認めているわけである。そこで，国民生活センターは，紛争の類型をさらに細分化することによって，重要消費者紛争の範囲を指定している。この国民生活センターの指定の内容については，同センターのウェブサイトに掲載されているので，そのページ[2]を確認しなければ，重要消費者紛争の範囲がわからず，一見すると非常に不便な仕組みのように思われるかもしれないが，実務的には，約7割の案件が消費者からの相談を受けた都道府県等が設置した消費生活センター等から紹介されて申立てに及んでいるということであり[3]，その場合には，消費生活センター等の消費生活相談員等と委員会の事務局担当者との間で，事前に取扱い範囲に含まれるか否かが確認されるであろうから，トラブルが生じる可能性は小さいと考えられる。

(3)　紛争解決委員会

　国民生活センターが紛争解決手続を実施するにあたっては，当事者の信頼に値する手続であることが要請される。そのためには，第三者が介在し，かつ，その手続が公正・的確になされるような仕組みが必要である。そこで，国民生活センターに，15人以内の委員をもって組織される紛争解決委員会が設置される（法11条1項，12条1項，13条1項）。委員会には，委員の互選による委員長が置かれる（法17条1項）。

　委員会は，重要消費者紛争の解決のための和解の仲介及び仲裁の手続（以下総称して「重要消費者紛争解決手続」という）の実施のほか，業務規程の制定，結果の概要の公表など本法の規定によりその権限に属させられた事項を処理し（法11条2項），独立してその職権を行使する（同条3項）。

　委員は，法律又は商品若しくは役務の取引に関する専門的な知識経験を有する者のうちから，内閣総理大臣の許可を受けて，国民生活センターの理事長が任命する（法13条1項）。

　また，重要消費者紛争解決手続に参与させるため，委員会には，特別委員を置くことができる（法16条1項）。これは，消費者紛争は非常に幅広い分野で発生するものであることから，紛争の内容によっては，その解決のために特殊な専門的分野での知識経験が要求されることもあり，また，実務的には東京以外の地域で期日を開催する可能性があることから，15人以内の委員だけですべての紛争を適正かつ迅速に解決することは困難であると考えられることによるものである。ただし，法律に関する専門的な知識経験を有するものを除外するものではなく，そのような者が特別委員に指名されることは妨げられない。現に，平成24年8月1日時点では，弁護士や消費生活相談員を中心に医師や建築士等35名の特別委員が指名されている。

　また，委員会の事務を委員及び特別委員だけで行うことは実務上困難であるから，委員

会の事務を処理させるための事務局が置かれている（規則4条1項）。

なお，当事者からの信頼の確保や業務の適正な実施などの観点から，委員及び特別委員には守秘義務が課され（法15条1項，16条3項），当該義務に違反した場合の刑事罰が定められている（法47条）。また，事務局の事務局長及び事務局の職員にも，守秘義務が課されている（規則4条4項）。

(4) 和解の仲介

(a) 和解の仲介とは

和解の仲介とは，当事者間の和解に向けた交渉を仲介し，和解を成立させることによって紛争解決を図ることを目的とする手続であって，いわゆるあっせん及び調停を包括する概念である。

(b) 手続の開始

重要消費者紛争の当事者の双方又は一方は，委員会に対し，和解の仲介の申請をすることができる（法19条1項）。消費者及び適格消費者団体だけでなく，事業者も申請をすることができる。

申請は書面でしなければならないが（同条2項），消費者による申請については，国民生活センター又は地方公共団体が設置している消費生活センターなどの窓口に相談し，助言の提供やあっせんを経た上で，委員会への申請に至る場合が多く，それらの窓口で申請書作成に係る適切な助言・協力が行われることが想定・期待されており，実際にも前述のとおり，国民生活センターが公表した資料によれば，消費生活センター等の相談を経由して消費者が申請してきた件が約7割近くを占めているということであり，概ね当初の見込みどおりとなっているようである。ただし，他方で，委員会の調査[4]によれば，消費生活センター等に所属する消費生活相談員等のうち，実際に国民生活センターADRを紹介したことがあるのは約1割にとどまっているとのことであるから，認知度を高めることが重要な課題の一つといえよう。

当事者の一方から和解の仲介の申請がされた場合には，委員会は，他方の当事者に対して，速やかに申請書の写しを添えてその旨を通知するとともに，委員会が行う仲介により紛争の解決を図る意思があるかどうかを確認しなければならない（同条5項）。

申請に係る紛争が重要消費者紛争に該当しない場合には，仲介委員は，当該申請を却下しなければならない（同条3項，規則12条，業務規程20条）。申請が却下された場合には，法27条による時効の中断が生じ得ないなどの不利益が生じるため，この却下に不服がある者は，委員会に対して異議を申し出ることができるという特別の手続が定められている（法19条4項）。

(c) 仲介委員

委員会が行う和解の仲介手続（以下「和解仲介手続」という）は，委員長が，事件ごとに委員又は特別委員のうちから指名する一人又は二人以上の仲介委員によって実施される（法20条1項・2項）。すなわち，仲介委員の人数は，事案の内容に応じて委員長が柔軟に決定することができ，また手続の途中で仲介委員の人数を変更することも妨げられない。実際には，二人で行う場合が最も多いが，三人で行う場合も少なくない[5]。

委員長は，仲介委員を指名するに当たっては，仲介委員の構成について適正を確保する

ように配慮しなければならない（同条3項）。たとえば，三人の仲介委員を指名する場合には，消費者側の事情に明るい者，事業者側の事情に明るい者，及びそのいずれでもない法律の知識に明るい者の構成とすることなどが考えられる。

指名された仲介委員は，中立かつ公正な立場において，和解仲介手続を実施しなければならない（同条4項，業務規程12条1項）。ここでいう「中立かつ公正な立場において」とは，指名された仲介委員がいかなる出身・経歴であるかを問わず，法と事実に基づいて手続を実施すべきという趣旨であり，仲介委員は，その職務を行うに当たって，消費者と事業者の情報力や交渉力に格差があることを踏まえつつ，必要に応じて，消費者のために積極的に後見的役割を果たすことが期待されている。すなわち，ここで仲介委員に要求される中立性とは，形式的な中立性ではなく，必要に応じて積極的に後見的な役割を果たすという意味で，実質的な中立性を意味するものである。また，仲介委員は，必要があると認めるときは，自ら事実の調査をしたり事務局の職員にこれを行わせることなどができることとされており（規則23条，業務規程31条），前述の中立性及び公正性を維持することができる範囲内において，必要に応じてこのような方法が採用されることが期待されており，実際にも多くの案件で職権調査が行われているようである。

委員長は，委員又は特別委員が事件と一定の関係を有する場合には，その委員等を仲介委員に指名することができないが（業務規程36条），当事者は，仲介委員に和解仲介手続の公正を妨げるべき事情があるときは，一定期間内に，忌避の原因を記載した申立書を委員長に提出することによって，忌避の申立てを行うことができ，その決定は，原則として委員長が行う（法21条1項〜3項，業務規程37条・38条）。具体的には，仲介委員が当事者の親族である場合，当事者である事業者の役職員である場合，消費生活相談において当事者である消費者から相談を受けており，申請に係る重要消費者紛争について特別の心証を形成している場合などは忌避の原因があると考えられる。

忌避の申立てがあったときは，決定があるまで和解仲介手続は中止されるが，人的・物的資料の散逸・破壊のおそれがある場合の当該資料の収集など，急速を要する行為については，その限りではない（同条4項）。

(d) 手　続

和解の仲介を行うにあたっては，紛争の実情を最もよく知る当事者双方の主張を聞くことが重要であり，当事者が交渉の席に着かない限り，和解の仲介を行うことは困難である。そこで，仲介委員は，当事者に対して，出席を求めることができることとされている（法22条，規則21条，業務規程41条）。

また，事実関係を踏まえた仲介や和解案の受諾勧告により当事者間に和解が成立しやすくなるものと考えられること，和解仲介手続の結果は，その概要の公表によって，同種紛争の解決指針となることなどから，委員会による和解仲介手続については，特に事実関係に基づく公正な解決が強く要請される。そこで，仲介委員は当事者に対して，事件に関係のある文書又は物件の提出を求めることができることとされている（法22条，規則22条，業務規程30条）。

また，ADRにおいては，手続を非公開で行うことにより，当事者のプライバシーや営業・技術上の秘密が確保されるとともに，当事者が胸襟を開いて率直に意見を述べ合い，また，手続実施者も冷静な雰囲気の下で当事者の意見を聴取したり説得・調整を図ることができ，円滑な紛争解決が期待できる。そこで，和解仲介手続は，非公開で行われることとされている（法23条）。ただし，これは，それらの目的に反しない限り，利害関係人や事業者の担当者など，仲介委員が適当と認めるものについて手続への参加や傍聴を一切許さない趣旨ではない（業務規程32条）。

仲介委員のうちに弁護士（いわゆる認定司法書士が取り扱える紛争について行う和解仲介手続の場合にあっては，弁護士又は認定司法書士）がいない場合において，和解仲介手続の実施に当たって法令の解釈適用に関し専門的知識を必要とするときは，仲介委員は，弁護士である委員又は特別委員の助言を受ける（法24条）。その場合，その弁護士は，必要に応じて和解仲介手続に出席することもできるし，また，和解成立前には和解案の説明を受けて意見を述べることとなっている（業務規程43条）。

和解仲介手続は，最終的には当事者間に和解を成立させることを目的とするものであるから，当事者の話し合いを促すのみでは合意形成が見込まれない場合などは，必要に応じて和解案を提示してその受諾を勧告することが有用であると考えられる。そこで，仲介委員は，和解案を作成し，当事者に対し，受諾すべき期限を定めて，その受諾を勧告することができるとされている（法25条，規則28条）。ただし，この和解案の受諾勧告については，当事者が，金融ADRにおける結果尊重義務のような義務を負うものではない。なお，和解案の作成及び受諾勧告はいずれも和解仲介手続上の事項であるから，仲介委員の過半数で決する（法20条5項）。

具体的な和解仲介手続の実施方法については，当事者の合意がある場合又は特別の事情がある場合を除き，仲介委員が，当事者の意見その他の事情を勘案し，面談，電話，書面又はその他の適当と認める方法により実施することができることとされているし（規則17条），また，和解仲介手続の場所についても，原則として国民生活センター東京事務所で実施するものの，仲介委員が当事者の住所地などを考慮した上で，相当と認めるときは，重要消費者紛争の発生した場所その他の適当な場所で手続を実施することができることとされており（規則19条，業務規程29条），非常に柔軟な手続といえよう。

(e) 手続の終了

仲介委員は，①申請に係る重要消費者紛争がその性質上和解の仲介をするのに適当でないと認めるとき，又は②当事者が不当な目的でみだりに和解の仲介の申請をしたと認めるときは，和解仲介手続を終了させなければならず（法26条1項），③和解仲介手続によっては当事者間に和解が成立する見込みがないと認めるときは，和解仲介手続を終了させることができる（同条2項）。より具体的には，一方当事者から申請された場合であって，他方の当事者が和解仲介手続により申請に係る重要消費者紛争の解決を図る意思がないことが明確になったとき又は委員会が行う仲介により紛争の解決を図る意思があるかどうかの確認（法19条5項）のための通知が到達し

国民生活センターADRに関する法制度の概要

た日から15日以内に回答しないときは，和解仲介手続によっては当事者間に和解が成立する見込みがないと認めるものとされている（業務規程35条3項）。また，当事者の一方又は双方が，仲介委員の指示に従わないため，和解仲介手続の実施が著しく困難である場合なども和解仲介手続は終了する（業務規程46条）。

そして，仲介委員は，和解仲介手続を終了させたときは，その旨を当事者に通知しなければならない（法26条3項）。

(f) 和解仲介手続の利用に係る特例

和解仲介手続によっては当事者間に和解が成立する見込みがないとして，和解仲介手続が終了した場合において，和解の仲介の申請をした者が，終了の通知を受けた日から一月以内に当該和解仲介手続の目的となった請求について訴えを提起したときは，時効の中断に関しては，当該和解の仲介の申請の時に，訴えの提起があったものとみなして，時効の中断効が認められている（法27条）。

また，当事者間に訴訟が係属する場合であって，当該当事者間において和解仲介手続が実施されているか，又は和解仲介手続によって解決を図る旨の合意があり，かつ，当事者の共同の申立てがあるときは，受訴裁判所は，四月以内の期間を定めて訴訟手続を中止する旨の決定をすることができることとされている（法28条1項）。

(5) 仲　裁
(a) 手続の開始

重要消費者紛争の双方又は一方は，委員会に対し，仲裁の申請をすることができる（法29条1項）。和解の仲介と同様，消費者及び適格消費者団体だけでなく，事業者も申請をすることができる。ただし，当事者の一方が申請する場合には，本法の規定によるとの仲裁合意に基づくものでなければならない（同条2項）。

申請の方式並びに重要消費者紛争に該当しない場合の却下及び異議申出については，和解仲介手続の規定が準用される（同条3項，法19条2項～4項，規則12条・13条）。

(b) 仲裁委員

仲裁の手続は，委員又は特別委員のうちから当事者が合意によって選定した者につき委員長が指名する一人又は二人以上の仲裁委員によって実施される（法30条1項，2項本文）。ただし，当事者の合意による選定がされなかったときは，委員又は特別委員のうちから委員長が仲裁委員を指名する（同条2項ただし書）。仲裁委員のうち少なくとも一人は弁護士（認定司法書士が取り扱える紛争について行う仲裁手続の場合にあっては，弁護士又は認定司法書士）でなければならず（法30条3項），当事者の合意による選定がなされなかったときは，委員長は，仲裁委員を指名するに当たって，仲裁委員の構成について適正を確保するように配慮しなければならない（同条4項）。

指名された仲裁委員は，中立かつ公正な立場で，仲裁の手続を実施しなければならないが（同条5項），ここでいう中立性については，仲介委員に求められる中立性と同様の意義であると解される。

(c) 手　続

仲裁委員は，必要があると認めるときは，当事者に対し，事件に関係のある文書又は物件の提出を求めることができる（法31条）。

Ⅲ　国民生活センターADRの概要

また，仲裁の手続は和解仲介手続と同様に非公開であり（法32条），具体的な仲裁手続の実施方法や，手続の実施の場所については，和解仲介手続と同様に柔軟な仕組みが採用されている（規則17条，19条）。

本法は仲裁法の特則を定めるものであり，仲裁に関して本法に規定のない事項については，仲裁法の規定が適用される（法33条，仲裁法1条参照）。たとえば，仲裁委員の忌避（同法18条）や，裁判所により実施する証拠調べ（同法35条），和解勧試（同法38条），仲裁判断の効力（同法45条），消費者仲裁合意の解除（同法附則3条）などについては，仲裁法の規定が適用される。

(6)　重要消費者紛争解決手続に関する雑則
　(a)　結果の概要の公表

前述のとおり，和解仲介手続及び仲裁の手続は，いずれも非公開で行われるが，これは営業秘密等を秘密として確保するとともに，当事者が胸襟を開いて率直に意見を述べることができるようにするためのものであり，一切の情報の公表を許さないことを意味するものではない。消費者紛争については，同種紛争が拡散的に多発しやすいという特性があり，その解決は社会性・公共性を有するものであるし，手続の結果が全く秘密のままであると解決基準の安定性や予測可能性が失われ，委員会の手続に対する信頼を損なうことにもなりかねない。むしろ，手続を非公開とすることの趣旨を阻害しない範囲で，解決指針など一定の情報を公表することによって同種紛争の解決・未然防止が図られる場合などには，その結果の概要を公表することが有益であると考えられる。そこで，委員会は，和解仲介手続又は仲裁の手続が終了した場合において，国民生活の安定及び向上を図るために必要と認めるときは，それらの結果の概要を公表することができることとされている（法36条）。より具体的には，業務規程によって，国民の生命，身体又は財産に対する危害の発生又は拡大を防止するために，必要があると認めるときは，結果の概要を公表することができると定められている（業務規程52条2項）。さらには，事業者が和解仲介手続又は仲裁手続の実施に合理的な理由なく協力せず，将来における当該事業者との同種の紛争について委員会の実施する手続によっては解決が困難であると認められる場合や，当該事業者との間で同種の紛争が多数発生しているなど，当該情報を公表する必要が特に高いと認められる場合には，事業者名など事業者を特定することができる情報を公表することができる旨定められている（同条3項）。これは，そもそも，結果の概要の公表は，前述のとおり紛争の解決指針などを公表することにより，同種紛争の解決・未然防止を図るなど，公益を目的として行われるものであるが，加えて，当事者が重要消費者紛争解決手続を利用するインセンティブを損なわないようにする必要もあるため，一般的には，事業者名の公表については慎重であるべきだが，事業者が公表に同意した場合や，紛争解決手続に全く協力せず，広く国民に当該事業者との間の同種紛争について委員会に重要消費者紛争解決手続の申請をしても解決を期待することは難しいことを知らせる必要がある場合など，委員会が国民生活の安定及び向上を図る上で公表する必要が特に高いと認めた場合には，結果の概要の公表として，事業者名や手

続の経緯の公表も妨げられるものではないという考え方に基づくものと考えられる。実務運用をみても，ほとんどのケースで結果の概要の公表は行われており，また事業者名が公表されるケースも少なくない[6]。ただし，結果の概要の公表を行う場合には，委員会は，あらかじめ当事者の意見を聴かなければならないこととされており（規則32条），当事者の権利保護のために一定の手続保障がなされているといえる。

なお，この結果の概要の公表は，消費者被害の予防・拡散防止など，国民生活の安定及び向上を図るために国民に対する情報提供の一環として行われるものであり，行政処分としての性格を有するものではないと解される。

(b) 義務履行の勧告

当事者の一方が和解又は仲裁判断で定められた義務を任意に履行しない場合には，前者については民法上の和解契約としての効力しか認められないため，権利者は改めて訴訟を提起する等の手段をとらなければならないし，後者についても執行決定を求める申立て（仲裁法46条）をしなければ，その権利を実現することはできない。しかしながら，消費者紛争は比較的少額の紛争が多いため，それらの手続を当事者（特に消費者）がとることは，費用対効果の面から期待することが難しい。そこで，簡易・迅速な解決を図り，委員会の行う重要消費者紛争解決手続をより実効性のあるものとしてその利用価値を高めるために，和解又は仲裁判断で定められた義務について，権利者の申出がある場合において，相当と認めるときは，委員会は，義務者に対して，当該義務の履行に関する勧告をすることができることとされている（法37条1項，規則33条）。また，委員会は，権利者の申出がある場合において，相当と認めるときは，義務の履行状況について当事者に報告を求め，又は調査することができる（法37条2項）。

(c) その他

委員会は，消費者紛争についてADRを実施する国の機関，地方公共団体及び民間事業者との適切な役割分担に配慮しつつ，これらの者と相互に連携を図り，紛争の実情に即した適正かつ迅速な解決が行われるように努めなければならない（法34条）。国の機関や，地方公共団体が設置する苦情処理委員会等との連携に加えて，事案によっては，高度の専門性を有する民間ADR機関に解決を委ねた方が適正かつ迅速な解決が図られると考えられるような場合もあり得るので，そのような場合には当該機関を紹介するなどの連携が考えられる。

委員会，重要消費者紛争解決手続，結果の概要の公表，義務履行の勧告に関して必要な事項は，内閣府令で（法39条），重要消費者紛争解決手続並びに結果の概要の公表及び義務履行の勧告の実施に必要な細則は，委員会の定める業務規程によって規定することとされている（法35条）。

なお，重要消費者紛争解決手続に関する規定（法3章2節1款（紛争解決委員会）の規定を除く）による処分については，行政不服審査法による異議申立て及び行政事件訴訟法による訴えの提起をすることはできない（法38条）。

(7) 訴訟の準備又は追行の援助

委員会による和解仲介手続によって紛争が解決されなかった場合には，最終的には訴訟

手続によってその解決が図られることになるが，消費者としては，事業者との情報の量及び質の構造的格差から，訴訟における立証の根拠となる証拠の不足を理由に提訴に踏み切れないことも多いと考えられる。しかしながら，重要消費者紛争は，その解決が全国的に重要な紛争であるから，たとえ和解仲介手続によって解決されなかったとしても，訴訟手続で適切に解決されることが望ましい。そこで，和解仲介手続によって紛争が解決されなかった場合において，和解の仲介の申請をした消費者が当該和解仲介手続の目的となった請求について訴えを提起するときは，国民生活センターは，訴訟の準備又は追行の用に供するための資料で内閣府令で定めるものを提供することができることとされている（法40条1項）。具体的には，PIO-NETや国民生活センターが行った試験や検査等に関する資料の提供が認められている（規則34条）。これは，訴訟手続による適正な解決のみならず，和解仲介手続での解決率の向上にも資するものと考えられる。

重要消費者紛争解決手続において当事者が提出したものは，国民生活センターから提供される資料の対象に含まれないこととされているが，これは，ADRを利用する当事者（特に事業者）は，訴訟と異なり当該手続において提出した主張や資料が公開されないことをメリットと考えることが多いと指摘されているところ，重要消費者紛争解決手続において当事者が提出したものを提供の対象から除かなければ，当事者にとって，当該手続の利用を躊躇させると考えられることによるものである。この趣旨からすれば，たとえ当事者が重要消費者紛争解決手続に提出した資料であっても，国民生活センターが独自に収集した資料を消費者に提供することは妨げられないものと考えられる。

なお，あくまでもこの資料提供は，訴訟の準備又は追行の援助のために行われるものであり，資料の提供を受けた消費者は，当該資料を訴訟の準備又は追行の用に供するための目的以外の目的で利用してはならず（法40条2項），目的外利用した場合には，過料の定めが設けられている（法48条）。

注　釈

1　国民生活センターの公表資料（http://www.kokusen.go.jp/pdf/n-20081217_3.pdf）によれば，国民生活センターや都道府県等が設置する消費生活センターにおける相談件数は平成9年度の約40万件が平成19年度には105万件に，あっせん件数は平成9年度の約3万7000件が平成19年度には約6万5000件に増加していた。
2　http://www.kokusen.go.jp/adr/pdf/zsh_1.pdf
3　http://www.kokusen.go.jp/pdf/n-20120531_1.pdf
4　平成23年10月6日公表「平成23年度国民生活センターADR実態調査報告書」
5　http://www.kokusen.go.jp/pdf/n-20120531_1.pdf
6　http://www.kokusen.go.jp/pdf/n-20120531_1.pdf

国民生活センター紛争解決委員会によるADRの概要と実施状況

枝窪歩夢（えだくぼ　あゆみ）
独立行政法人　国民生活センター　総務部総務課　課長補佐
明治学院大学法学部　非常勤講師

国民生活センター紛争解決委員会によるADRの概要と実施状況

はじめに

　裁判所による調停制度創設90周年（借地借家調停法（1922年施行），裁判外紛争解決手続の利用の促進に関する法律（以下，「ADR法」という）の施行から5年となる，本年は裁判外紛争解決手続（ADR：Alternative[1] Dispute Resolution）にとっては節目の年ともいえる。ADRは身近なトラブルの解決方法として注目を集めており，特に，消費者と事業者との間には情報力や交渉力において格差があることや，少額な被害が多いこと等，消費者トラブルの特性に鑑みると，訴訟手続ではなく，当事者間に存在する格差を調整して，迅速，廉価にトラブルを解決できるADRが有効な紛争解決の手段であるといえる。

　このため，消費者問題の分野においては，住宅の品質の確保に関する法律や，金融商品取引法等に基づく「金融ADR」制度など，様々な制度と主体によるADRが導入されている。

　独立行政法人国民生活センターにおいても，2008年5月に独立行政法人国民生活センター法（以下，「センター法」という）が改正され，消費者・事業者間の紛争を裁判外で簡易・迅速に解決するための仕組みが行政型ADRとして整備され，2009年4月から制度の運用を開始している。

　本稿においては，国民生活センターにおけるADR制度の運用状況に加え，その課題等について管見を述べたいと思う[2]。

I 国民生活センターADRの特色[3]

(1) 国民生活センターADRを実施する紛争解決委員会

　2008年のセンター法改正により国民生活センターに内に，ADR手続を実施する紛争解決委員会（以下，「委員会」という）が設置された。委員会は，国民生活センター内に設置されているが，独立して職権を行使し，法律や取引に関する知識・経験を有する委員15名によって構成されている。実際の紛争解決においては，この委員の他に，医師や建築士を含む35名の特別委員によって，消費者の後見的役割を果たしつつ，中立・公正な立場から手続が実施されている。

　委員会が実施するADR手続には，消費者・事業者間に生じた民事上の紛争のうち，同種多数性，被害の重大性，事案の複雑性などに照らし，解決が全国的に重要な紛争（重要消費者紛争）を対象に，「和解の仲介」（あっせんや調停に相当）と「仲裁」（当事者間の仲裁合意に基づき第三者の判断に委ねるもの）の2種類が用意されている。両者の関係は階層的なものではなく，いずれも，当事者の双方または一方の申請により手続が開始される。委員会によるこれら手続には，時効の中断や訴訟手続の中止といった法的効果が付与されている。

　なお，法制上，各地消費生活センター等におけるあっせんを含む相談処理は委員会のADR手続の前置の関係にあるものではないが，消費生活センターを経由した申請が6割を占めており，制度設計時のイメージに近い運用となっている。

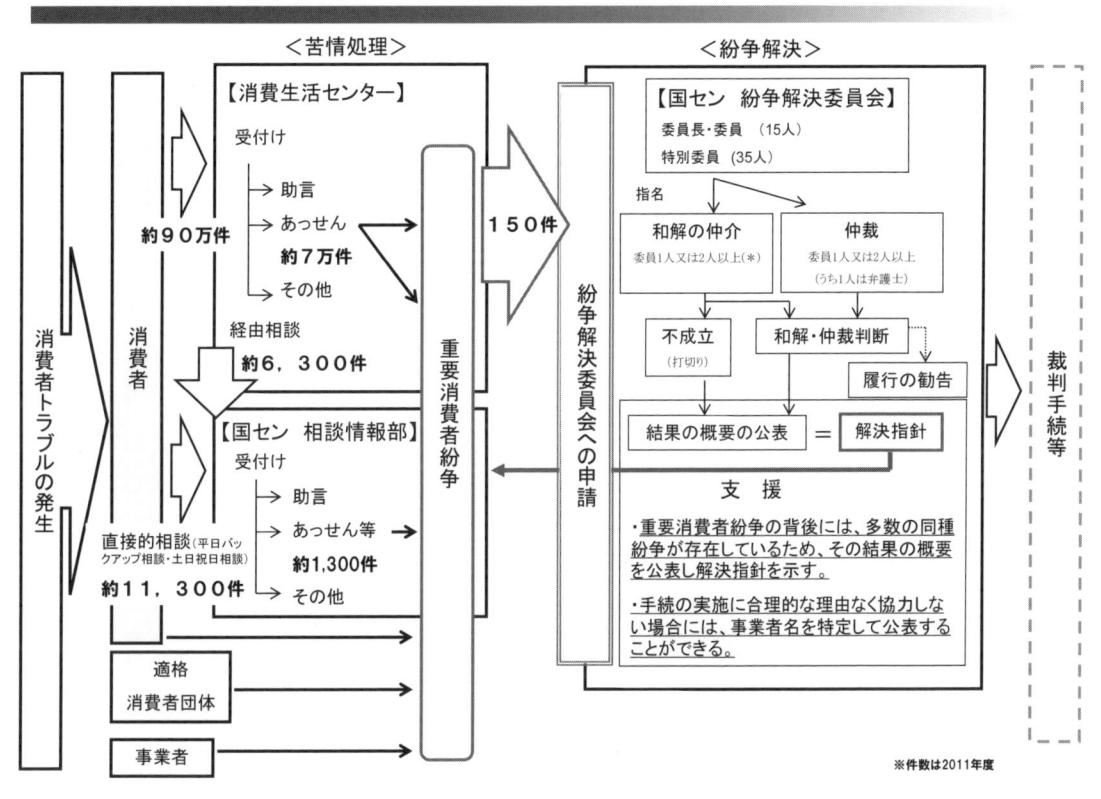

I 国民生活センターADRの特色

消費者トラブルの解決の枠組みと実施件数

<苦情処理>

【消費生活センター】
受付け
約90万件
→助言
→あっせん　約7万件
→その他

経由相談
約6,300件

【国セン　相談情報部】
受付け
直接的相談（平日バックアップ相談・土日祝日相談）
約11,300件
→助言
→あっせん等　約1,300件
→その他

適格消費者団体

事業者

重要消費者紛争

150件

<紛争解決>

【国セン　紛争解決委員会】
委員長・委員（15人）
特別委員（35人）

指名
和解の仲介（委員1人又は2人以上(*)）
仲裁（委員1人又は2人以上 うち1人は弁護士）

不成立（打切り）
和解・仲裁判断
履行の勧告

結果の概要の公表 ＝ 解決指針

支援

・重要消費者紛争の背後には、多数の同種紛争が存在しているため、その結果の概要を公表し解決指針を示す。
・手続の実施に合理的な理由なく協力しない場合には、事業者名を特定して公表することができる。

紛争解決委員会への申請 → 裁判手続等

※件数は2011年度

(2) ADR手続の実施

手続は，委員長が委員・特別委員の中から指名する1人または2人以上の仲介委員または仲裁委員によって非公開で行われ，申請の日から4ヵ月以内に終了することを目指して実施される。2人の合議体で実施するもの最も多く全体の6割強となっており，単独の合議体で実施するものは1割程度となっている。

仲介委員等は，当事者に手続への出席や関係書類等の提出を求めることができることがセンター法に明記されており，この点は消費生活センター等で実施する相談処理とは大きく異なる。これらの規定は，委員会が実施するADR手続への協力につき理解を得るために有効に機能している。また，和解の仲介等による合意内容が実施されないときには，委員会がその履行を勧告することもできることが規定されており，この点も相談処理とは制度的に異なる特徴であるといえる[4]。

(3) 消費者の後見的役割

ADRが当事者双方の信頼を得て機能するための最低限の要請として，仲介委員等は中立・公正な立場で手続を実施することが規定されている（センター法20条4項，30条5項）。しかし，センター法の改正過程において，国民生活センターADRは，消費者・事業者間の構造的な格差を踏まえて，消費者被害救済の途を開くことを目指していることに鑑みれば，中立・公正性は単に形式的なものをいう

のではなく，消費者トラブルの特性を正しく認識した上での実質的な中立・公正性でなければならないとされた。そこで，衆議院・参議院の内閣委員会附帯決議（2008年4月11日，2008年4月24日）において，仲介委員等は，ADR手続を行うにあたり，消費者と事業者の情報力や交渉力に格差があることを踏まえつつ，必要に応じて，消費者のために積極的に後見的役割を果たすことが求められている。

この要請に応えるために大きな役割を果たしているのが委員会に設置されている事務局である。事務局は，事務局長以下，国民生活センターの職員で構成されており，消費者問題の構造的な特徴を十分に理解した事務局員が，国民生活センターに蓄積された情報や知見を活用しつつ委員会及びADR手続の運営を支援している。特に，消費者と事業者との間の構造的な格差を補完するために，手続に関する問い合わせのための窓口を開設し，申請書の記入に関する助言などの円滑な申請に向けた支援や，期日の進行における追加の調査や資料の収集などを事務局で行っており，積極的に消費者の後見的な役割を果たしている。

また，同附帯決議において，消費者をはじめとした当事者にとって時間的，経済的負担の少ない手続とすることも求められている。このため，通信費や交通費の実費の負担以外は，当事者の属性を問わず求めていない。手

紛争解決手続の主な流れと事務局の役割

構造的な格差を踏まえ、事務局が消費者の後見的役割を積極的に果している

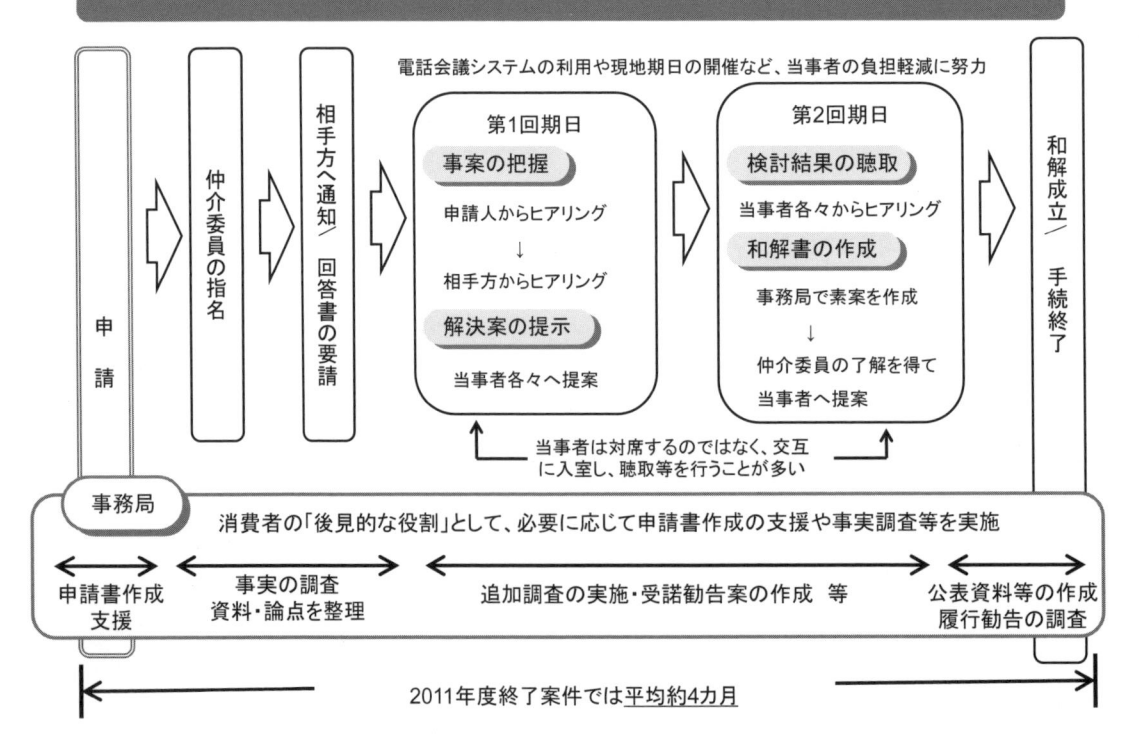

電話会議システムの利用や現地期日の開催など、当事者の負担軽減に努力

申請 → 仲介委員の指名 → 相手方へ通知／回答書の要請 → 第1回期日【事案の把握】申請人からヒアリング → 相手方からヒアリング／【解決案の提示】当事者各々へ提案 → 第2回期日【検討結果の聴取】当事者各々からヒアリング／【和解書の作成】事務局で素案を作成 → 仲介委員の了解を得て当事者へ提案 → 和解成立／手続終了

当事者は対席するのではなく、交互に入室し、聴取等を行うことが多い

事務局：消費者の「後見的な役割」として、必要に応じて申請書作成の支援や事実調査等を実施

申請書作成支援 ｜ 事実の調査 資料・論点を整理 ｜ 追加調査の実施・受諾勧告案の作成 等 ｜ 公表資料等の作成 履行勧告の調査

2011年度終了案件では平均約4カ月

続実施のための期日の開催は，国民生活センター東京事務所での実施を基本としているが，当事者が遠隔地に居住している場合等では電話会議システムを活用することで当事者の負担を軽減するとともに，紛争の内容や当事者の居住地などによっては各地へ仲介委員及び事務局が赴いての現地期日の開催を行っている[5]。

⑷ 結果の概要の公表

紛争の柔軟な解決を図るため，ADRの手続の特徴として，非公開の原則が挙げられることが多く，委員会のADR手続についても非公開で実施される。しかし，委員会で扱う重要消費者紛争の背後には多数の同種紛争が存在している等の事情があるため，国民生活センターADRでは，手続の終了後に，国民生活の安定・向上のために必要があると委員会が認めるときは，結果の概要を公表することができる仕組みが設けられている。

加えて，この結果の概要の公表の制度においては，事業者が手続の実施に合理的な理由なく協力せず，将来における当該事業者との同種の紛争について委員会の実施する手続によっては解決が困難であると認められる場合や，当該事業者との間で同種の紛争が多数発生していること，重大な危害が発生していることその他の事情を総合的に勘案し，当該情報を公表する必要が特に高いと認められる場合には，事業者の名称，所在地その他当該事業者を特定する情報を公表することができるとされている。

なお，これらの公表は，制裁または強制手段としての性格は有しておらず，同種紛争の未然防止・拡大防止に資するため，消費者に対する注意喚起・情報提供の一環として行われるものであるが，当事者の利益を害することのないよう，公表に先立って，当事者に事前の意見聴取を行うこととされている。

2012年6月末日現在では，2009年4月の制度スタート以降，手続が終了した事案のうち約8割に当たる279件について結果の概要を公表した。そのうち50件については，委員会の実施する手続に合理的な理由なく応諾しなかったこと等から，事業者名等を特定して公表している。

Ⅱ 国民生活センターADR手続の実施状況等

⑴ 申請件数・実施状況

国民生活センターADR制度がスタートした2009年度においては，「和解の仲介」の申請を106件受け付けており，その後も，申請件数は増加し，2010年度は137件，2011年度は150件となっている。取下げ等を除く実質的な手続を行なったうち，約6割において和解が成立している。2011年度の処理期間の平均は約4カ月となっている。

なお，「仲裁」の申請はなく，全てが「和解の仲介」の申請となっている。委員会へのADR手続の申請は，ADRとしての中立・公正性を確保するための機会の均等の概念から，消費者だけでなく，事業者，また適格消費者団体も申請者としての適格性が認められているが，現在のところ，ほぼ全ての事案が消費者からの申請となっている。

国民生活センター紛争解決委員会によるADRの概要と実施状況

表1　和解仲介手続の実施状況

年度	2009年度	2010年度	2011年度
申請	106	137	150
手続終了	5	103	179
和解成立	26	53	122
和解不成立	20	37	45
取下げ	10	11	11
却下	1	2	1

(2) 商品・役務別にみた申請状況

　国民生活センターADRの特徴の1つとして、特定の取引形態や商品・サービスに限定することなく、重要消費者紛争全般の解決に取り組んでいることが挙げられる。申請事案の分野別状況は表2のとおりとなっており、「預貯金・証券」「生命保険」といった金融・保険サービスに係る紛争が最も多くなっている。

表2　商品・役務別にみた申請状況

商品・役務	2009～2011年度
1．金融・保険サービス	90
2．保健衛生品	55
3．教養娯楽品	37
4．教養・娯楽サービス	35
5．運輸・通信サービス	33
6．内職・副業・ねずみ講	23
7．土地・建物・設備	19
8．他の役務	17
9．車両・乗り物	13
10．保健・福祉サービス	12
10．住居品	12
合計（11位以下含む）	393

(3) 和解の仲介事案

　委員会において取り扱った紛争事案について、国民生活センターADR手続の特徴等が発揮されていると思われるケースを参考として紹介したい。

　○ビデオカメラのリモコンのボタン電池誤飲に関する紛争

　幼女（1歳3カ月）が家庭用ビデオカメラに付属するリモコンのボタン型リチウム電池を誤飲し、電池の放電により食道潰瘍を患った事故に係る紛争について、その治療費等の負担をめぐって、消費者とメーカーとの意見が合わず、委員会に申立てがなされた。紛争の解決にあたり、ポイントとなったのがリモコンの電池ホルダーの構造である。当該リモコンの電池蓋を開けるには、ロック解除の穴にピンのような細い棒状のものを差し込みながら電池ホルダーを引き出す2アクションが必要な構造となっていた。ADR手続において、仲介委員が実際に本件リモコンの電池蓋の開閉を行ったところ、本件事故発生時と同様の現象が確認され、当事者双方から確認した内容等を総合的に勘案すると、本件リモコンの電池蓋は、何らかの要因によって2アクション構造が想定したとおりに機能しなかったことが窺えた。また、取扱説明書においても、リチウム電池そのものに対する警告表示のみで、リチウム電池が内在しているリモコンについての警告表示がなく、誤飲についての直接的な警告表示としては十分とは言えないと判断し、仲介委員より、交通事故損害賠償額算定基準（交通事故以外の損害賠償額算定にも準用されることが多い）をもとに和解金額を算定し、後遺症が発症した場合には別途協議をすること、相手方事業者は申請人らに対して陳謝するとともに、本件リモコンの設計上の改善及び警告表示の見直しなど更な

Ⅱ 国民生活センターADR手続の実施状況等

る安全性の確保・推進を追求すること等を定めた和解案を提示し，両当事者が合意するに至った。

当該事案の手続において，誤飲の原因となった電池蓋の開閉がなぜ起こってしまったのかということまで解明できているわけではないが，仲介委員という第三者が同席をしている場において現物と事象を確認していることの当事者の歩み寄りを促す上で果たした役割は大きく，ADRの手続の柔軟性が発揮されていると思われる。

また，当該事故の解決だけでなく，当該製品の更なる安全性の確保についても和解の中で触れられたことは，当事者の間にとどまらず，総体としての「消費者」の利益の確保という点においても意義深いものであり，国民生活センターで実施するADRならではでの視点が反映された和解となっているといえる。

本件と同様に，取引分野においても，個別事案の解決だけでなく，紛争の当事者となった事業者のビジネススキームの一部の見直し等についても言及したものとして，建築資格取得講座の解約に関する紛争などが挙げられる。当該事案においては，パンフレット等の記載内容の見直しについても和解内容の一部として確約されており，委員会によるADR手続実施の効果が広く波及する形となっている。

○化粧品購入契約の解約に関する紛争（48件の事案の併合）

同一事業者を相手方とする類似紛争48件について，手続を併合して実施したケースである。知人の紹介で化粧品の地域販売店の責任者と会い，「化粧品の購入額が高いほど値引きがある，知人を紹介すればキャッシュバックがある」と説明を受け，クレジット契約で化粧品を大量に購入したが，責任者が自己破産し，引渡しを受けていない化粧品があり，消費者が化粧品の購入契約とクレジット契約の解約と返金を求めた紛争である。

化粧品会社本社・地域販売店・クレジット会社を相手方とし，各申請者を4つのグループに大別して手続を実施した。地域販売店の勧誘行為における問題点を指摘し，各々のグループ毎に適切と思われる和解案を提案し合意を図った。

本件のほか，8件の事案を併合して手続を実施したインターネット通信販売での子犬の引渡しに関する紛争や，100人近い住民の委任を受けた申請者から解決を求められたマンションの共有部分に関する紛争など，複数人を当事者とする紛争について，手続を併合・統一的に実施し，効率的な紛争解決を実施している。

「消費者庁及び消費者委員会設置法」附則第6項等を受け，現在，消費者被害の特性を踏まえた集団的消費者被害の実効的な救済制度について，幅広い検討がなされているところであるが，国民生活センターADRの手続においても，同一の事業者に係る複数の類似事案等が申請された場合，手続を併合して実施することで，多数消費者の被害を効率的に回復する工夫を図っている。

和解の仲介の申請をしていない他の同種被害者の救済の問題や，調整型手続であることによる限界等は否定できないものの，国民生活センターADRも集団的な消費者被害の効率的・実効的な救済に資するものと言える。各地の消費生活センターとの間のネットワー

クを活用しつつ，積極的に取り組んでいくべき新たな試みの一つであろう。

○セラピスト養成学校の約款等に関する紛争（適格消費者団体からの申請）

国民生活センターADRでは，適格消費者団体にも申請適格を認めている。

リフレクソロジー等を始めたとした各種ヒーリングの普及を目的として，セラピストの育成を行うスクールの運営を行っている者を相手方として，契約条項に「受講生の都合により解約しても返金請求は認めない」旨の中途解約時に関する条項が規定され，また広告表示も問題があるとして，是正を求める話し合いをADR手続を利用して実施したいとの申請が，適格消費者団体よりなされた。

本件は，結果的には実質的な手続が進行することなく，和解の成立の見込みがないとして手続が終了しているものの，ADR手続利用に際して費用がかからないことを勘案すれば，財政的基盤が必ずしも十分とはいえない適格消費者団体にとって，事案や状況に応じて委員会のADR手続を活用することは利点を有するものであるといえるのではないかと思料する。

Ⅲ　国民生活センターADRの課題と可能性

(1) 類似被害の未然防止・拡大防止（事業者名公表）

① 消費生活センターへの相談処理の指針の提示

委員会の手続は，委員会で扱う重要消費者紛争の特性に鑑み，手続の終了後に，国民生活の安定・向上のために必要があると委員会が認めるときは，結果の概要を公表することができる仕組みが設けられていることは前述した通りである。

委員会では，この結果の概要の公表による情報提供を，全国の消費生活センターにおける相談処理の指針の提示と位置づけ，公表内容に，事務局において整理をした論点等，相談処理に当たっての参考情報を追記して各地の消費生活センターに情報提供を行っている。

現在，国連国際商取引法委員会（UNCITRAL）にて，Online ADRの統一的ルールの制定に向けた取組みがなされているが，同委員会のODR（Online Dispute Resolution）ワーキンググループ（ODR WG）によるODRの法規範の基本構想では，全ての仲裁判断がWEBを通じて公表されること（プライバシー等に配慮した上で）となっている。

ADRの特徴として，手続とその結果の非公開性が挙げられることが多い中，全ての仲裁判断を公表するとの制度設計となっている点は，非常に興味深い。このような制度設計が議論されている背景には，「少額多数被害の紛争」の解決のための世界的な統一ルールを策定するといったODR WGの目的の影響が大きいと考える。つまり，統一的な法規範としては，いずれの国においても許容できる原則的なルールとして整備し，個々の紛争の解決手続においては，ADRの特徴である柔軟性を活用し，仲介人および当事者の合意しうる妥協点を見出していく作業によって，判断基準を積み上げで構築していくといった制度をイメージしている。このため，手続の透明性と判断基準の予見可能性を確保するためにも，結果の公表が不可欠となるのである[6]。

ODR WGで審議されている統一規範の目

Ⅲ 国民生活センターADRの課題と可能性

的と仕組みは，各地消費生活センターの解決指針の役割として機能している国民生活センターADRの結果の概要の公表のそれらと共通するものであり，その取組みは先駆的なものともいえるのではないだろうか。

一方で，現在，委員会においては，この結果の概要の公表制度の運用をめぐり後述の課題を抱えており，将来的にODR WGで示されている法規範にそって実際のADR手続の運用を行う際においても共通するジレンマになると推察する。

② 事業者名を特定しての公表

同種被害の未然防止・拡大防止に資する観点からは，事業者名を特定した結果概要の公表も求められる。しかし，手続終了後の事業者名の公表については，紛争が円満に解決した場合であっても事業者名が公表されるとなると，事業者が委員会のADR手続で紛争を解決しようとするインセンティブが損なわれることなどに鑑み，慎重に検討を行うべきとされ，謙抑的な運用が想定されていた[7]。

国民生活センターの本来的機能である公益を目的とした情報提供という役割は積極的に果たしていく必要があるものの，仮に委員会のADR手続に真摯に応じ個別紛争の解決がなされた場合においても，公益を目的として事業者名を公表するとなれば，逆に事業者がADR手続に協力するインセンティブを阻害するおそれが生じる。任意の手続応諾を基本とする枠組みの中[8]では，事業者側の手続参加のインセンティブを確保しなければ，個別紛争の解決というADRの本来機能が果たせなくなりかねない。運用上は，「紛争解決機能」と「情報提供機能」の両立が困難になる場面が生じ得る。このため，両者のバランスの確保は，委員会が直面する大きな課題となっている。

(2) 個別被害の救済と解決水準の維持

国民生活センターADRが取り扱う「重要消費者紛争」については，申請の対象となった紛争の背後には同種の紛争が多数潜在していることや，同種被害が発生するおそれを有しており，他の同種紛争の解決に与える影響を看過することはできない。他方で，委員会の和解の仲介手続は，第三者として関与する仲介委員が，当事者間で和解が成立することを目指して仲介を行う「調整型」のADR手続であるため，おのずと当事者の意見の調整機能においては，限界を有していると言わざるを得ない。このため，現実の仲介手続においては，消費者側が，コスト的，心理的な負担感から訴訟手続等への移行を望まないといったことや事業者の支払能力の問題等から，必ずしも法的に合理的な解決内容によらずに和解をするケースも生じている。

ADRの本来機能である個別被害の救済と，解決指針の提示という行政型ADRとしての委員会の役割との両立も課題となっている。

(3) 訴訟手続等への移行と連携

センター法においては，委員会の実施する手続において当該紛争の解決が図られず，訴訟手続を利用する際に，消費者に対して，国民生活センターが有している情報を提供することで，訴訟の支援を行う制度が整備されている。

司法制度改革の一環として，司法サービスをより身近に受けられるようにするための総合的な支援への取組みや体制整備，訴訟手続

国民生活センター紛争解決委員会によるADRの概要と実施状況

等の迅速化[9]が図られているところであるが、一般消費者が訴訟手続等に対して抱くイメージとしては、その敷居は決して低いとは言えないのが現状ではないだろうか。実際に、国民生活センターADRにおいても、被害額が少額であるなど消費者にとって訴訟に踏み切りにくい事情がある場合には、法的に妥当な解決とは言えない内容であっても、消費者が委員会のADR手続において和解を希望するケースも少なくない。

当該紛争について、どのように解決を図るかは、最終的には、当事者の意思に委ねられるべきものであるが、ADRによって公正で納得のゆく解決がなされない場合には、制度として、委員会のADR手続から訴訟等の手続に移行できるシステムが構築されるならば、より充実した紛争解決が可能になると考えられる。また、委員会のADR手続の実効性を高めるためにも訴訟手続等への円滑な移行の確保が不可欠であると考える。

この点に関連して、近年、東京簡易裁判所や大阪簡易裁判所において、調停機能の強化を図る取組みが試みられている。民事調停法17条に基づく「調停に代わる決定」等の活用を念頭においた、事実認定や解決案の提示を行うことで紛争の解決を図る調停運営もその一つに含まれており、有効に機能することの可能性が検証結果において示されている[10]。

消費者にとっては、比較的身近な民事調停手続における裁断型のADR手続実施の可能性が存することから、委員会におけるADRの手続不調が調整型手続であることに起因する場合には、民事調停手続による解決の可能性も十分に有すると考える。この様な場合においても、例えば、委員会のADR手続で事務局が収集した資料を提供するなど、委員会と民事調停手続との連携体制を構築することで、社会全体として、より効果的かつ効率的な紛争解決を図ることができると考える。

なお、訴訟手続等への移行を制度化するに当たっては、消費者の後見的役割を積極的に果たしつつも、国民生活センターADRとしての中立・公平性に疑義が生じることのないよう留意する必要があるだろう。

(4) 事実認定の困難性の克服

両当事者の主張する事実関係に大きな乖離がある場合には、訴訟等の裁定型手続と異なり調整型の国民生活センターADRでは、法令適用の前提となる事実関係を評価・確定することがかなり困難な面がある。

このような場合、関係資料を可能な限り入手し[11]、それらを参考にすることは当然であるが、消費者の行動及び消費者トラブルの特性に鑑み、それらの資料のみに依拠して事実認定をすることは、当該消費者トラブルの本質や構造的な問題を把握できないおそれがある。

このため、国民生活センターADRでは、全国からの消費生活相談情報が蓄積されたPIO-NET情報[12]を、速やかな心証形成の一助として活用している。

例えば、口頭での勧誘について、消費者と事業者との間でその主張が食い違う場合(いわゆる「言った」「言わない」の水掛け論)が多いが、このような場合には、PIO-NET情報を基に、現実に相当数の同種の苦情申出が各地で生じているのであれば、事業者に反駁させ、合理的な説明がなされない時にはそ

の点を突破口に両者に互譲を促すという方法も有効と考えられる[13]。なお，悪質な事業者の場合は，書面等で証拠を残すことが少なく，間接証拠によって立証していかなければならないことも多いが，こうした事案では，特にPIO-NET情報は有益であると考える[14]。

(5) 各ADR機関との連携・協力

消費者紛争の総体的な解決を図っていく上では，国民生活センターのみならず，地方公共団体においても紛争解決が円滑に行われていくことが必要であり，都道府県及び政令指定都市に設置されている消費者被害救済委員会等の機能の活性化は，センター法改正の過程においても重要な課題とされた。

地方公共団体と国民生活センターが適切な役割分担のもとに紛争解決を図っていくにあたっては，相互の連携を確保することが必要であり，センター法34条においてもその旨が規定されている。同条が目的とする地方公共団体との適切な役割分担及び連携の確保のためには，双方が取り扱う紛争に関し情報の共有化が不可欠であることから，紛争解決手続を実施する地方公共団体の協力を得て，地方公共団体と国民生活センターとの間で情報交換を行うスキームを新たに構築し，平成22年6月より情報の共有化を図っているところである。

また，ADR法による認証ADR機関や金融ADR制度に基づく指定紛争解決機関との間で適切な役割分担と連携を図っていくためには，利用者に対して適切なADR機関を紹介することに加えて，各ADR機関の苦情処理・紛争解決の状況等に関し，相互に情報を交換することが有効な方策と考えられる。

消費者紛争分野におけるADR手続総体に対する利用者の信頼性の確保のためにも，各ADR機関が取りまとめた紛争解決業務に係る情報を集約・分析し手続結果等の情報を各ADR機関，国民生活センター，消費生活センター等の関係機関において共有するとともに，関係機関の連携の強化を図ることが必要であり，委員会においては，積極的に，東京簡易裁判所をはじめ，各ADR機関との情報交換連絡会等を実施している。

むすび ―「消費者ADR」の新たな展開へ ―

近年，消費者トラブルは高水準で推移し，その内容も多様化，複雑化している。社会制度が事前規制から事後救済へとシフトしつつある中で，消費者紛争の解決機能の整備・充実を図っていくことは重要な課題である。

国民生活センターADRのスタート当初は年間100件程度の申請を見込んでいたが，その後の実施状況を見ると，順調なスタートとなり，消費者紛争を簡易・迅速に解決してほしいという消費者のADRに対する現実的ニーズが大変強いことを実感する。本制度は，上述してきたような課題に直面しているが，柔軟性を活かしながら，消費者のニーズを的確に把握し，全力でこれに応えていくことで，国民生活センターADRが消費者，事業者双方から信頼できる「消費者ADR」として定着し，消費者紛争の総体的な解決に寄与していくことが求められていると考える。

国民生活センター紛争解決委員会による ADR の概要と実施状況

注　釈

1 「Alternative（（裁判に）代替する）」ではなく「Appropriate（適切な）」の略とする考え方もある。アメリカオレゴン州司法省においては，後者を正式名称としている。State of Oregon, Department of Justice<http://courts.oregon.gov/OJD/programs/adr/index.page>

2 本稿における意見・見解にわたる部分は筆者個人の私見であり，筆者の所属する組織の見解を示すものではない。

3 国民生活センターADR の制度については，本誌 7 頁森大樹「国民生活センターADR に関する法制度の概要」に詳述されているので参照されたい。

4 履行の勧告については，2012 年 6 月末現在，のべ 10 件程度実施されている。ただし，委員会による勧告は，履行を勧告する制度であり，履行を法的に確保する効力までは有しない。法制定時においては，委員会により勧告がなされれば，履行が確保されると想定されていたが，制度運用後においては，必ずしも履行が確保できないケースが生じており，どのように執行力を確保していくかは，委員会の抱える課題の一つであると考える。

5 認証 ADR 機関の一つである公益財団法人自動車製造物責任相談センターにおいて，地方の消費生活センターとテレビ会議システムを利用した審査の試行が実施されている。愛媛県消費生活センターと同相談センター虎ノ門事務所との間において，一般的な機材を利用した「TV 審査」が実施されており，手続利用者だけでなく，委員にとっても，有益な手続実施手段であるとされている（「2011 年度活動状況報告」27 頁（自動車製造物責任相談センター　2012 年 6 月））。消費生活センターとのネットワークを持つ国民生活センターにおいて，実施を検討すべき手続手法であると考えられる。

6 早川吉尚「UNCITRAL Online Dispute Resolution Working Group」（JCA ジャーナル　2011.7）同稿において，ODR WG における審議過程や論点等が詳しく紹介されている。

　　対象とする紛争が，少額多数被害である紛争（Low Value High Volume Dispute）とされている点や，紛争解決の手続として，3 種類の手続が用意され，各手続は階層式となっている。具体的には，「自主交渉・あっせん（negotiation）」，「調停（mediation）」，「仲裁（arbitration）」の手続を段階的に踏んでいく構造となっている点は，国民生活センターADR と共通している。

　　同会合報告書 http://daccess-dds-ny.un.org/doc/UNDOC/GEN/V11/801/48/PDF/V1180148.pdf?OpenElement

7 国民生活審議会消費者政策部会報告「国民生活センターによる消費者紛争解決制度の在り方について」（2007 年 12 月）

8 公害紛争処理法や建設業法のように，出頭要求に応じない者に対して過料を課すことで手続実施の実効性が担保されている例もあるが，センター法 22 条に基づく出席要求を拒んだ場合の制裁措置は設けられていない（ただし，結果概要の公表制度上，合理的な理由なく手続に協力しない場合には事業者名を特定しての公表の可能性がある）。

　　2009 年 10 月よりスタートした金融 ADR 制度においては，指定紛争解決機関（ADR 機関）が存在する場合，金融機関に指定紛争解決機関との手続実施基本契約の締結を求め，当該指定紛争解決機関が実施する ADR 手続への応諾や和解案の受諾などの片面的な義務を課すことで，紛争解決の実効性を確保している。憲法上の権利である「裁判を受ける権利」の保障について，指定紛争解決機関と金融機関との任意の契約（手続実施基本

注　釈

契約）関係として整理している点は非常に興味深い。業界団体や自主規制機関が整備・充実した金融分野であるが故に可能な制度とも思われるが，金融分野以外におけるこのような制度の導入の可能性について検討がなされることを期待したい。

9　2010年の民事第一訴訟事件（地方裁判所の通常訴訟事件及び人事訴訟事件）の平均審理期間は約6.8カ月間となっており，全体の約7割は受理から6月以内に終了している。なお，一般に早期に終結することが多い，いわゆる「過払い金返還請求訴訟」の影響を除いた場合では，平均審理期間は約8.3カ月間となっている（「裁判の迅速化に係る検証に関する報告書」20頁（最高裁判所事務総局　2011年7月））。

10　志村宏他「民事調停の紛争解決機能を強化するための方策について」判例タイムズ1369号4頁（2012年6月15日）

11　センター法22条では，仲介委員等による文書等の提出要求ができる旨が規定されている。また，消費者の後見的役割の具体的内容の一つとして，施行規則において消費者の資料収集能力を補完するため，仲介委員等が職権による調査や鑑定の依頼ができる旨が規定されている（センター法施行規則23条及び24条）。

12　国民生活センターでは，地方公共団体の消費生活センターとネットワークで結んだ「全国消費生活情報ネットワーク・システム（PIO-NET（パイオネット）：Practical-living Information Online Network System）」により，消費者からの消費生活相談等を収集・蓄積し，分析・評価して情報提供している。

13　PIO-NET情報については，基本的に一方当事者からの聴取により作成されているため，真実・真実相当性が必ずしも個別に確認されたものではないものの，以下のような事情から信用性は相当程度高いと考える。

①情報源が全国の消費生活センター等における現実の消費生活相談であり，相談にあたっては，相談者の氏名，住所，電話番号等の個人情報も含めて聴取していること（誹謗中傷的なものは含まれにくい）

②PIO-NET情報を入力するのは，地方公共団体の一組織である消費生活センター等において専門的な資格・経験等を持って日々，消費者の相談に当たっている消費生活相談員であり，情報内容も一定のフォーマットの下に整理されたものとなっていること

③仮に，数多くのPIO-NET情報の中に真実・真実相当性に欠ける情報が一部含まれていたとしても，同種・類似の情報が多数寄せられている場合には，大数の法則として，苦情内容に関する信用性は極めて高いものと考えられること

④こうした事情から，現に，PIO-NET情報については，裁判所の調査嘱託のほか，各地の弁護士会，警察，適格消費者団体等から毎年数多くの提供要請が寄せられ，実際に活用されていること

（参考）法令に基づく情報提供要請への対応状況（2010年度）約700件（弁護士会：330件，警察：275件，裁判所：22件，適格消費者団体：61件，消費者委員会：1件）

14　当該当事者が「どのような勧誘」を受けたかという点について，消費者と事業者との間で言い分が食い違う際の訴訟運営における留意点として，消費生活相談を受けている場合には，「当該事件の主張の一貫性に関する情報」や「当該事業者の同種相談事例の存在に関する情報」なども踏まえて，判断することが考えられると指摘されている（司法研究報告書第63輯第1号「現代型民事紛争に関する実証的研究－現代型契約紛争（1）消費者紛争」68頁（司法研修所　2011年2月））

IBA証拠規則の改訂状況

（2009年 IBA マドリッド大会 Open Forum での報告とその後の状況）

手塚裕之（てづか　ひろゆき）
弁護士

I　はじめに

1　IBA証拠規則の改訂と本稿の目的

　IBA（国際法曹協会）の国際商事仲裁における証拠調べ規則（IBA Rules on the Taking of Evidence in International Commercial Arbitration）（June 1, 1999）（以下「旧規則」という）は，国際商事仲裁における証拠ルールに関して，コモンロー系の法的バックグラウンドを有する仲裁人・当事者・代理人と，大陸法系の法的バックグラウンドを有する仲裁人・当事者・代理人とが混在することの多い国際仲裁において，迅速・効率的且つ公平・公正な仲裁手続を可能にしつつ，コモンロー系及び大陸法系双方のプレーヤーにとって利用しやすいルールを策定するべく，1999年に制定された規則である。UNCITRAL国際商事仲裁モデル法等の現代的仲裁法にも，証拠の取扱いに関する具体的な規定はほとんど無く，ICCやLCIA，AAA-ICDR等，世界的に著名な仲裁機関の仲裁規則も，証拠に関する詳細な規定を有しておらず，証拠の取扱いは，当事者間に合意がなければ，基本的には仲裁廷が決定するところに従うことになる。旧規則は，コモンロー系及び大陸法系の手続の，いわば妥協の産物（あるいは調和の成果物）として制定されたものであり，当事者が同規則の採用に合意するか，仲裁廷が手続命令（procedural order）により同規則の採用を決定することにより，拘束力を有する規範として当該仲裁事件に適用されることもあり得るが，実際には，仲裁廷による手続命令等において，証拠の取扱いについては同規則を参照して決定するとか，ガイダンスとして利用する，という緩やかな規範として言及される例が多数見られる（著名な仲裁人の中には，常にそのような形で旧規則を利用する方針を採る者も少なからずいた）。国際的な仲裁事件では，程度の差はあれ，旧規則を利用する，あるいは参照することは，かなり広く行われていたのである。

　このように，国際仲裁実務における一種のスタンダードをある程度確立した，という意味で，旧規則は国際仲裁の普及・発展に大きく寄与したと言えるが，制定以来10年が経過したのを機に，IBA仲裁委員会（Arbitration Committee）では同規則の見直しを行うこととなった。

　筆者はかかる見直し作業のために設置されたIBA仲裁委員会のIBA証拠規則レビュー小委員会（IBA Rules of Evidence Review Subcommittee）の委員として，見直し・新規則ドラフティング作業に関与し，また，同仲裁委員会が2009年のIBAマドリッド年次大会において開催した同規則の改訂作業状況に関するOpen Forumにも出席したことから，日本仲裁人協会（JAA）の2009年12月の研究部会報告において，「IBA証拠規則改正の動向—IBAマドリッド大会Open Forumをふまえて」と題して，同規則の当時の改訂状況について報告を行った。本稿は，出版の都合により，当該報告から3年近くも経った2012年8月時点で執筆しているため，当時の報告内容は既に相当程度過去のものとなっている点がある。また，2011年1月には，新しい証拠規則の制定をふまえて「新IBA国際仲裁証拠調べ規則について」と題する拙稿[1]を

公表しているので，新しい規則の内容・特色等については，当該論稿を参照して頂くこととして，以下，上記研究報告の結果を文書化する，という本稿の目的に即して，2009年当時の研究報告の内容を中心に，当時の改訂状況を述べ，その後の経緯を若干敷衍することとしたい。

II Open Forum での報告概要

1 Open Forum に至るまでの改訂作業

　上述のように，旧規則は，コモンロー系及び大陸法系それぞれのプレーヤーにとって受け入れ可能な国際スタンダードを反映したものとして，1999年の制定以来，国際仲裁コミュニティで広く利用されてきたものである。他方で，制定以来10年を経て，現代的な電子的文書の取扱いについてのルールが伝統的文書と同じなのか違うべきなのか等の問題や，旧規則で定めの無かった当事者自らが提出した書証についての秘密保持義務の問題，濫用的な行為への対処，秘匿特権の範囲が異なる当事者間の公平を図る必要性等，いくつかの点で，ルールの明確化や規則の改正の必要性が論じられるようになった。そのような中で，2008年に，上記小委員会が設置され，規則改訂作業が開始されたのである。旧規則制定時の作業部会（Working Party）メンバーが，コモンロー系及び大陸法系双方のメンバーを含みつつも，基本的には欧米のメンバーがほとんどであったのに対して，上記小委員会メンバーはアジア（日・中・韓），南米，中東のメンバーが参加する等，仲裁のグローバル化を反映している。

　小委員会は，2008年8月から2009年1月にかけて，証拠規則改正に関するオンラインサーベイを行って国際仲裁コミュニティの意見を集め，また，IBA の年次大会や International Arbitration Day の機会における会合，多数の電話会議を経て，小委員会としての改訂案がほぼ固まりつつあった2009年秋の IBA マドリッド年次大会における Open Forum において，それまでの改訂作業の報告と質疑応答を行うに至った。

2 Kreindler 小委員長報告

　上記 Open Forum における報告は，規則改正小委員会委員長の Richard H. Kreindler 弁護士による "Open Forum on Possible Revisions to IBA Rules on the Taking of Evidence in International Commercial Arbitration" と題するパワーポイントプレゼン資料を基に行われた。上記の JAA 研究報告においては，同弁護士の好意により，同弁護士の許可を得て，上記プレゼン資料を参加者に配布させて頂いた。本項においては，以下，同プレゼン資料に基づき，Kreindler 小委員長報告の要点を述べることとする。

(1) IBA 証拠規則の歴史

　報告では，まず，1999年の旧規則に先立つ1983年の "Supplementary Rules Governing the Presentation and Reception of Evidence in International Commercial Arbitration" に触れ，ベストプラクティス反映のため1983年の規則を改正・拡大すべく1999年旧規則が制定された経緯等が説明された。次いで，2009年というタイミングで旧規則の改正が検討されるに至った経緯として，電子ディスカバリに

IBA 証拠規則の改訂状況

関するセドナ会議ワーキンググループ（2003年），ICC 委員会の仲裁における時間と費用のコントロール技術に関する報告（2007年），ICDR の情報交換に関する仲裁人のためのガイドライン（2008年），CIArb の国際仲裁における当事者選定専門家の利用のためのプロトコール及び仲裁における電子ディスカバリのためのプロトコール（2008年）等，様々な機関・団体による証拠問題についての規則改訂・制定の動きがあった旨説明された。

(2) 小委員会のメンバー等

続いて，小委員会のメンバー[2]，アドバイザー（1999年の規則制定時の Working Party のメンバー）及びオブザーバー（国際的仲裁機関等）が紹介された。

(3) 小委員会のこれまで及び今後の作業

小委員会が上記サーベイのほか，ダブリン，ブエノス・アイレス，ドバイ等での会合等を経て，マドリッドでの Open Forum に至ったこと及びその後の予定として，同地での小委員会会合を経て，小委員会による仲裁委員会への報告，IBA 理事会での改正規則承認という新規則制定までの流れが説明された。

(4) サーベイの内容報告

上記サーベイにおいて，34の実質事項の質問及び5つの統計的質問がなされ，2009年1月5日時点で173件の回答があり，日本を含む30の法域からの回答があった旨，及び，旧規則の使用状況について，仲裁合意で言及されることによる適用事例が，全てないしほとんどの仲裁事件で見られるとの回答が18％，いくつかのあるいは少数の仲裁事件で見られるとの回答が31％あったこと，手続命令等により適用される事例が，全てないしほとんどの仲裁事件で見られるとの回答が43％，いくつかのあるいは少数の仲裁事件で見られるとの回答が42％あったことが報告された。

(5) 改正による変更点の説明

次に，改正により変更することを検討中の事項のうち，主要なものの説明がなされた。

(a) 前文

IBA 証拠規則が投資仲裁等の「商事」以外の仲裁においても利用される実態をふまえ，規則の名称から「商事」（commercial）の文言をはずすこと，目的規定に「効率的」「経済的」以外に「公正」（fair）という文言を追加すること，当事者が in good faith で行動すべき義務に言及すること，"document" の定義に "communications" 及び "data" が含まれること，経過規定として，特段の合意がなければ適用を合意した時点の証拠規則が適用されること，等を定めた。

(b) 第2条 証拠調べに関する協議

新設の第2条において，仲裁廷が早期に証拠調べについて当事者と協議し，また当事者に協議を促すべきことを定め，協議事項を例示した[3]。

(c) 第3条 文書

文書提出要求ないし文書提出命令の実体的要件としての，「二要件テスト」（two-prong test），すなわち，当該仲裁事件との「関連性」（relevance）及び当該事件の結果にとっての「重要性」（materiality）の双方が必要である，という旧規則以来の要件を維持する（第3.3条）ことを定めた。電子的文書については，

「検索条件」(search terms)その他の方法による特定が認められること(第3.3条(a)(ii)),その提出形式については,別段の合意・決定がなければ「当該当事者にとって最も簡便又は経済的で,かつ文書の受領者にとって合理的に利用可能な形式で提出されなければならない」(第3.12条)こと等を定めた。

(d) 第4条 事実証人

旧規則と異なり,陳述書を提出した証人のヒアリングへの出頭は,いずれかの当事者又は仲裁廷が要請しない限り不要とする,等を定めた。

(e) 第5条,第6条 専門家証人

当事者の法律顧問(legal counsel)からの独立性の表明等,専門家意見書における開示事項の拡大・充実化,等を定めた。

(f) 第9.3条 文書提出拒否事由(法的障碍・秘匿特権)

第9.2条に定める文書提出拒否事由のうち,法的障碍(legal impediment)ないし秘匿特権(privilege)の有無を判断する際の考慮事項の例示として新設した。「法的助言を提供し,又は得ることを目的とする」あるいは「和解交渉を目的とする」等,伝統的な秘匿特権の対象文書であるか,ということのほか,当該時点での当事者やそのアドバイザーの「期待」を考慮できる反面,秘匿特権の「放棄」があったとみなし得る事実関係も考慮し得る。また,特に,秘匿特権的制度が異なる法域の「当事者間の公正及び公平」を維持する必要性も考慮され得る。これは,米国のように社内弁護士が通常いて,社内文書も秘匿特権の対象となりやすい法域の当事者と,日本のように法務部内にも弁護士がいないことが多い法域あるいはヨーロッパの一部の国のように社内弁護士については秘匿特権を認めない法域の当事者とで,秘匿特権の有無をそれぞれの法域の基準で形式的に判断して,一方にだけ有利な結果となるような事態を避ける趣旨である。

Ⅲ 新規則の制定と今後の展望

1 新規則の制定

上記のような検討過程を経て,2010年5月29日,IBA国際仲裁証拠調べ規則(IBA Rules on the Taking of Evidence in International Arbitration)(「新規則」)がIBAの理事会での承認を得て正式に制定されるに至った。旧規則制定時のWorking Group及び新規則制定時の小委員会連名の新規則のコンメンタリーもIBAから公表されている[4]。規則の改訂作業の基本方針は,「壊れていないものは直さない」であり,旧規則で手直しが真に必要な箇所を直すとともに,電子的文書等の現代的事象に対応しつつ,コモンロー系及び大陸法系双方に違和感のないものを目指したものと言える。

なお,新規則については,日本仲裁人協会による日本語訳を含む各国語翻訳がIBAのウェブサイトで公表されている[5]ほか,既に色々な論文・論稿が公表されている[6]。

2 今後の展望

新規則の制定後2年余を経て,国際仲裁実務においては,いわゆるProcedural Order No.1(基本的手続ルールを定める第1号手続命令)において,「証拠の取扱いについては,仲裁廷はIBA2010年証拠調べ規則をガイドとして用いる(guided by)」と定める等して,新規則に明示的に言及する例,あるいは,そ

のような明示の言及はしなくても，各種の証拠問題について，事実上，新規則の定めを参照する，ということは良く行われている。日本においても，上述の新規則の和訳プロジェクトに参加した弁護士をはじめとして，新規則の規定に精通した弁護士は増加している。また，日本仲裁人協会ほかが主催して行った，国際水準の仲裁実務の普及のための大規模な2012年の模擬国際仲裁においても，日本商事仲裁協会を管理機関としてのUNCITRAL仲裁規則仲裁，という立て付けのもとに，模擬仲裁廷は手続命令で，上記のような形で，新規則をガイドとして利用する旨を決定しており，500名を超す参加者を含め，日本の仲裁コミュニティの中でも，新規則の認知度は高まりつつある。とはいえ，日本において，仲裁人や仲裁代理人，当事者の大多数が新規則を十分に理解して使いこなすようになるまでには，なお時間を要するであろう。他方で，日本企業が外国における仲裁当事者となる事例は増加しており，国際的な仲裁人からなる仲裁廷が新規則に基づく手続を行う可能性は高いので，日本企業や日本の仲裁弁護士は，日本における新規則の普及・浸透度合いの如何に関わらず，新規則を十分に理解しておくことが望まれる。そのためにも，上述のような新規則制定の経緯，旧規則との変更点等を理解しておくことは有益であろう。

注 釈

1 JCAジャーナル第58巻1号6頁以下。
2 Richard H. Kreindler（米国／ドイツ）（小委員長）；David Arias（スペイン）；C. Mark Baker（米国）；Pierre Bienvenu（カナダ）；Antonias Dimolitsa（ギリシャ）；Paul Friedland（米国）；Nicolás Gamboa（コロンビア）；Judith Gill, Q.C.（英国）；Peter Heckel（ドイツ）；Stephen Jagusch（ニュージーランド）；Xiang Ji（中国）；Kap-You (Kevin) Kim（韓国）；Amy Cohen Kläsener（米国／ドイツ）；Toby T. Landau, Q.C.（英国）；Alexis Mourre（フランス）；Hilmar Raeschke-Kessler（ドイツ）；David W. Rivkin（米国）；Georg von Segesser（スイス）；Essam Al Tamimi（アラブ首長国連邦）；Guido S. Tawil（アルゼンチン）；Ariel Ye（中国）の各氏及び筆者（日本）。
3 この時点での草案では，第2条（d）として，電子的文書についてのデータ保存方法，電子的文書検索要求等についても協議対象として例示することが提案されていたが，最終版には盛り込まれなかった。
4 http://www.ibanet.org/Document/Default.aspx?DocumentUid=DD240932-0E08-40D4-9866-309A635487C0
5 http://www.ibanet.org/LPD/Dispute_Resolution_Section/Arbitration/Projects.aspx
6 たとえば，International Arbitration Law Review 2010 Vol.13 Issue 5.

仲裁人候補者名簿の効用について

松元俊夫（まつもと　としお）
社団法人 日本海運集会所　アドヴァイザー

仲裁人候補者名簿の効用について

はじめに

　本稿は，2010年10月21日に開催された研究講座において，筆者が「仲裁人候補者名簿の効用について」と題して報告した内容に加筆し，実際に行われていることを簡潔に紹介するものである。

　海事関係の契約には，長年にわたり印刷された共通の契約書式が世界的に広く利用されており，そのような契約書式には，大抵仲裁条項が印刷されている。したがって，わが国の海事関係業界の実務担当者には，仲裁によって紛争を解決することがかなり浸透していると言えよう。しかしながら，未だ仲裁と調停を混同し，或いは仲裁の結果に不服な当事者が裁判所に訴えを提起できるものと考えている者が見受けられるだけでなく，会社の首脳陣が必ずしも仲裁制度を理解していないという現象が見られる。例えば仲裁申立書を受け取った被申立人の代表取締役が担当者に対して，「仲裁とは一体何だ。なぜ裁判で解決しないのか」と問い質すことがあるようである。仲裁の意味が十分理解されていないことと，裁判所に対する信頼度が極めて高いことの証左であろう。

　ところで，わが国で常設の海事仲裁機関として仲裁判断を行ったのは，記録による限り1913年にシップブローカーの団体である神戸海運業組合が最初である。社団法人日本海運集会所（以下「海運集会所」という）は，その前身たる株式会社神戸海運集会所の時代の1926年5月に仲裁部を設けて，同組合から海事仲裁業務を引き継ぎ，今日に至っている。

I　海事仲裁委員会と仲裁規則

　現在，海運集会所の仲裁は，海事仲裁委員会（Tokyo Maritime Arbitration Commission, 以下「TOMAC」という）の下で管理されている。TOMACは，仲裁・調停並びに海事紛争の解決の推進を図り，広く海事関係諸産業の隆盛に寄与することを目的とするもので，委員会の主な役割は，仲裁規則の制定・変更・解釈，仲裁人及び忌避審査委員の選任，仲裁人名簿の作成・維持等であって，今日関係業界人と弁護士合計31名からなる。

　TOMACの仲裁は，仲裁規則，簡易仲裁規則及び少額仲裁規則の下で行われている。即ち，一般の仲裁は仲裁規則に従い（以下「普通仲裁」という），係争金額が2千万円以下の場合を対象とする簡易仲裁規則及び係争金額5百万円以下の場合を対象とする少額仲裁規則である。簡易仲裁と少額仲裁については，当初の仲裁合意のほかに，それらの規則によることを当事者が合意した場合に適用される。具体的には申立人が簡易仲裁又は少額仲裁を申し立てた場合に，被申立人がそれらの規則によることについて異議を唱えなければそれぞれ簡易仲裁規則又は少額仲裁規則の下で手続が行われる。

　これら三つの規則の主な相異点は，次のとおりである。

　(1)　仲裁人の選任について普通仲裁で当事者による仲裁人候補者の指名を認めているのに対して，簡易仲裁及び少額仲裁では，そのような指名を経ずに仲裁委員会が選任する。この場合，仲裁委員会は正副仲裁委員長会議を意味する。さらに少額仲裁の場合は，単独仲裁人による。

(2) 仲裁費用納付金の額は係争金額に左右されるが，最低の場合，普通仲裁で申立人の負担する受理料10万円のほか各当事者65万円，簡易仲裁で受理料10万円のほか各当事者30万円，少額仲裁では申立人のみが受理料3万円と10万円をTOMACに納付する。

(3) 簡易仲裁と少額仲裁の書面提出期限が普通仲裁より短くしたように，すべての点で速く手続を進行させる。

各仲裁規則はhttp://www.jseinc.org/tomac/chusai/enforcement/arbrule2010.htmlを参照されたい。

II 仲裁人の選任

仲裁規則第14条（仲裁人の資格）には
> 仲裁人は，委員会が管理する「仲裁人名簿」に記載され，かつ，当事者及び当該事件に利害関係がないとみられる者のうちから選任される。ただし，委員会が特に必要と認めたときは，委員会は「仲裁人名簿」に記載されていない者を選任することができる。

と規定され，特に「仲裁人名簿」に記載されている者のうちから仲裁人を選任することが第一の要件である。そしてその例外として委員会が必要と認めたときは名簿外からの選任を認めている。

次に規則第15条（二当事者間の仲裁における仲裁人の選任）には

(1) 当事者は，前条の要件を充たす者の中から，それぞれ1名の仲裁人候補者を指名し，指名された2名の仲裁人候補者は，第三の仲裁人候補者（以下「第三仲裁人候補者」という）を指名する。第三仲裁人候補者は原則として前条の要件を充たす者の中から，指名される。ただし，指名された2名の仲裁人候補者が適切と認めるときは「仲裁人名簿」に記載されていない者を指名することができる。

(2) 申立人は申立ての日から，被申立人は申立書が送付された日から，15日以内にそれぞれ仲裁人候補者を指名し，相手方及び事務局にその仲裁人候補者名を通知する。第三仲裁人候補者については，2名の仲裁人候補者が指名された日から30日以内に指名し，当事者及び事務局にその第三仲裁人候補者名を通知する。

(3) 委員会は，第1項の候補者を仲裁人及び第三仲裁人として選任する。当事者が同一の仲裁人候補者を指名したときは，委員会は，指名された当該仲裁人候補者を単独仲裁人に選任することができる。

(4) 第1項及び第2項の規定に従って当事者が仲裁人候補者を指名しないとき，仲裁人候補者が第三仲裁人候補者を指名しないとき，又は当事者が仲裁人の選任を委員会に委ねたときは，委員会が当事者の意向を聞いた上，仲裁人又は第三仲裁人を選任する。

(5) 委員会による仲裁人の選任は，正副仲裁委員長の協議によって行う。

と規定されている。

第3項で，当事者が指名した仲裁人候補者とそれら候補者が指名した第三仲裁人候補者をTOMACが仲裁人及び第三仲裁人として選任すると規定したのは，それら仲裁人がTOMACの仲裁人であって，この規則に従って手続を進めるべきことを明らかにするものである。TOMACが当事者らの指名した候補

者について異議を唱えることを可能とするものではない。

なお、多数当事者仲裁における仲裁人の選任については、第16条が次のとおり規定し、委員会が仲裁人を選任しているが、当事者の意向を聞くので、調整のため多少仲裁人選任に時間を要するようである。

> 仲裁手続に多数の当事者が関与する場合において、当事者間に別段の合意がある場合を除き、委員会は、当事者の意向を聞いた上、仲裁人を選任する。

III 仲裁人名簿の効用

(1) 名簿の成立ち

そもそも海運集会所が仲裁人名簿を備えたのは、仲裁を始めた1926年のことであって、傭船契約、海上運送契約、海上保険等に詳しい業界人26名が任命されている。仲裁手続を円滑に進めるためには、仲裁人名簿が不可欠と考えたのであろう。

現在、海運集会所のウェブサイトに公表されている仲裁人名簿（http://www.jseinc.org/serch/temp/meibo/arbtrator_serch_jp.htm/）には、海事関連業界関係者と学者・弁護士からなる140名の仲裁人候補者が掲載されている。年間受理件数が20件足らずであるから、候補者数が多いと思われるかもしれない。海事という限られた分野ではあるが、海上運送契約や傭船契約の場合に国内の航路に就航する船舶に関する内航か、国外の航路に就航する外航かという分類のほか、傭船契約、船荷証券、海難救助契約、造船契約、中古船売買契約等々広く、かつ、争いの内容も、例えば契約条項の解釈や判例に関するもの、船舶のエンジンや舵などの不具合するもの、航路の選択や海難救助のような海上業務の海務に関するもの、船舶金融に関するものなど非常に専門的で多岐にわたって細分化しているので、仲裁人にはそれぞれ専門分野の知識と経験が要求される。かかる事情のほか当事者の利害関係を考慮すると、非常に限られた数の候補者しか各事案の指名対象にならないことが多い。その結果、2年毎に任期を更新して長期にわたって名簿に掲載されていても全く指名されない仲裁人候補者もいるのである。当事者と候補者個人又はその所属会社・事務所との利害関係がある場合を考慮すると140名の候補者が多すぎることはない。

仲裁人の国籍については、名簿に在日英国人バリスターが掲載されていたこともあるが、現在は日本人のみである。その理由は、そのバリスターが海外に転勤し、他に在日外国人に適任者がいないからであって、外国人を排除しているわけではない。ある外国人から外国在住の仲裁人を名簿に掲載すべきであること、その候補者が指名されたときは指名した当事者が旅費を負担すればよいことなどを提案されたことがあるが、低廉迅速を旨とする仲裁に相応しくない。

規則第30条によれば国際案件の使用言語は、申立書以下すべての主張書面も口頭審理も英語であるが、実際には外国の当事者が日本人弁護士を代理人に指定したときは、仲裁廷と当事者との合意によって途中から日本語を使用言語とすることがある。ただし、その場合においても外国人を含む口頭審理は英語で行う。

また、今日に至るまで国際仲裁の案件で第三仲裁人は当事者双方の国籍と異なる国籍を

有する者としたいという要請はなく、仲裁人の国籍が問題になったこともない。

(2) 定年制の実施

内規によって仲裁人の定年制を設け、仲裁人名簿に掲載する候補者は76歳未満としている。2009年には190名の候補者が登録されていたが、定年制を適用して、2012年8月に140名まで減少した。

一律に年齢によって仲裁人候補者に制限を設けることは必ずしも適当ではないかもしれないが、係争金額が小さく、争点が複雑ではないような事案について、申立人がいわゆる大物仲裁人を指名すると、被申立人もそれに対抗して大物仲裁人を指名することがあり、それら2名の仲裁人が第三仲裁人を指名する際にも同じように行われると、比較的年齢の若い仲裁人の起用につながらないことになり、また必ずしも迅速な手続進行につながらない場合もあり得るので、定年制はやむを得ない方策であって、若返りのため一定の効果をもたらしたと言えよう。

(3) 名簿外の仲裁人選任

それでは、定年制の実施に伴って不便はないのか、という疑問があろう。この点を補うのは、規則第14条ただし書及び第15条1項のただし書きであって、TOMACが特に必要と認めたときは、名簿外の仲裁人を選任することができ、また、当事者が指名した2名の仲裁人候補者が第三仲裁人を指名するときに、名簿外の定年後の仲裁人候補者をも指名できる。実際にそのような指名が行われたこともある。もちろん定年とは関係なく、事案の内容によっては名簿掲載者に適任者がいないこともあるので、委員会が名簿外の仲裁人を選任することがある。

一方の当事者がたまたま名簿外の仲裁人を指名したときは、規則第14条に反するので、事務局としてはその点を指摘して改めて名簿に記載された仲裁人の指名を求める。

Ⅳ 仲裁人研修その他

仲裁人候補者には2年に1度の名簿更新時に、仲裁人の行動基準、守秘義務、利害関係の取扱い、手続の流れなどを内容とするセミナーを開催している。

海事仲裁を最も多く扱っているロンドンのMaritime Arbitrators Association或いはニューヨークのSociety of Maritime Arbitratorsでは、仲裁人名簿を備え、アド・ホック仲裁が行われている。アド・ホック仲裁に対してTOMAC仲裁の特徴は、仲裁手続が円滑に進行するよう事務局において、受理する際に仲裁合意の存在を確認し、当事者が仲裁規則に従って手続を進めるよう書面の提出を促し、或いは手続上の不備がないよう常に仲裁人を補佐する態勢を取っていることであろう。TOMAC事務局は、通常仲裁廷の審理に立ち会って、主張書面や証拠書類の照合その他の補佐もしている。

UNCITRAL 仲裁部会における投資仲裁条約手続透明性規則作成作業

濵本正太郎（はまもと　しょうたろう）
京都大学大学院法学研究科教授

はじめに

　国連国際商取引法委員会（UNCITRAL）第2部会（仲裁・調停部会）は，2010年10月の第53回会期より，「条約に基づく投資家対国家仲裁における透明性 transparency in treaty-based investor-State arbitration」につき検討を行っており，2013年2月の第58回会期においてほぼ作業を完成させるに至った。本稿は，UNCITRAL がなぜそのような作業を始め，そこでどのようなことが問題になっており，今後どのように議論が進展すると予測されるかにつき，簡潔な紹介を試みるものである[1]。

I　UNCITRAL 透明性規則の必要性

A.　問題の背景──なぜ透明性か

　1990年代後半より，国家間条約に基づく投資家対投資受入国の仲裁が急激に増加しており，また，それによってもたらされる諸問題への注目も高まっている[2]。例えば日本企業がラオスに何らかの投資を行い，そこで現地政府とのトラブルに巻き込まれ損害を被った場合，当該日本企業は，日本とラオスとの投資保護条約17条に基づき，ラオスを相手取って投資紛争解決国際センター（ICSID）などの手続による仲裁を申し立てることができる。ラオスは，当該条約を日本と締結することによって日本企業からの仲裁申立を受け入れる意思を既に表示しており，日本企業は仲裁申立により仲裁への同意を表示することになり，それにより両者間で仲裁合意が成立するのである。すなわち，企業としては，投資時に投資受入国と契約を締結して当該契約中に仲裁条項を置く交渉をする必要はなく，あるいは，紛争発生後に投資受入国から仲裁同意を取り付ける必要もない。

　もっとも，投資保護条約（International Investment Agreement: IIA。「投資協定」と訳すことも多い）に基づく投資仲裁（以下，投資条約仲裁）の場合，条約上投資家に与えられる権利に関する紛争についてのみ仲裁で争うことができるのが通常である[3]。条約に定められているのは，投資家・投資に「公正かつ衡平な待遇」を与える義務[4]や，投資を収用する際に遵守すべき条件[5]などであり，これらに基づく投資家の権利を投資受入国が侵害するというのは，投資受入国が公権力の行使を行う場合に限定される[6]。すなわち，条約に基づく投資仲裁では，投資受入国の公権力行使の条約適合性が争われるのが通常である。

　ここで透明性確保の要請が生じる。仲裁判断によって多額の補償・賠償が国家に課されることがあり得る以上，国民・納税者に仲裁手続過程が公開される必要がある[7]。また，投資仲裁においては国家の公権力行使の適法性が争われるため，人権，とりわけ「知る権利」の観点からも，透明性の確保は不可欠である[8]。さらに，たとえば投資受入国による環境保護措置の IIA 適合性が争われる場合，当該環境保護措置の影響を受ける現地住民や環境保護団体が仲裁廷に意見を述べる機会を与えるのが「良き統治 good governance」の観点から適切であるとも考えられるところ，そのような機会を与え，意味あるものとするためには，仲裁手続が進行していることを公開し，当事者提出文書の参照も認める必要がある。

ところが，投資仲裁でよく用いられるICSID条約[9]にせよ，UNCITRAL仲裁規則にせよ，手続の非公開が基本となっている（ICSID条約48条3項，2010年UNCITRAL仲裁規則28条3項・34条5項，同1976年規則25条4項・32条5項）[10]。そこで，投資仲裁手続の透明性確保のために新たな規則が必要と考えられるに至ったのである。

B. 従来の対応

最初に問題となったのは，適用される仲裁規則に何ら関連規定がない場合に，仲裁当事者でないたとえば環境NGOなどがamicus curiae文書を提出することができるか，ということであった。当初は，そのような文書を受理する権限は与えられていないと判断する仲裁廷も見られたが，現在では，仲裁廷はそのような権限を有するとの判断がほぼ定着している[11]。

とはいえ，amicus curiae文書の受理の可否やその条件などが問題となる場合に，それに関する明文規則がないままでは，仲裁手続進行について仲裁廷が有する一般的権限（例，2010年UNCITRAL仲裁規則17条1項，1976年同規則15条1項）を根拠に仲裁廷が個別事例ごとに判断することにならざるを得ない。そのような状況は，判断の安定性の観点から望ましくないのみならず，仲裁廷・当事者の負担増大をももたらす。また，仲裁手続の公開性はamicus curiae文書の受理に限定されるものではなく，それらの論点全てについていちいち仲裁廷の判断を仰ぐとすると，仲裁廷・当事者の負担はさらに深刻なものとなる。

そこで，一部の国は，自国が締結するIIAに仲裁手続の透明性に関する規則を置くようになってきている[12]。加えて，ICSIDでも議論が進み，2006年にICSID仲裁規則の改正がなされ，一定の対応がとられることとなった[13]。すなわち，当事者のいずれかが反対しない限り口頭審問は公開され得るものとなり（ICSID仲裁規則32条2項の追加），amicus curiae文書の受理についても明文化された（同37条2項の追加）。もっとも，ICSID条約本体の改正は見送られた[14]上，ICSID仲裁規則の改正として作業が進められたため[15]，微温的な改正にとどまっている。

C. なぜUNCITRAL仲裁規則と関連する透明性規則が必要か

では，なぜUNCITRALで透明性規則の策定をする必要があるのだろうか。というのも，当然ながら，紛争両当事者が仲裁手続・判断の公開に合意する場合に公開を妨げる理由をUNCITRAL仲裁規則の中に見いだすことはできないからである。ならば，透明性確保が必要だと考える国は，自らが締結するIIAに必要な規則を置けばそれで足り，UNCITRAL仲裁規則に変更を加える必要はないことになる。とはいうものの，今後締結するIIAはともかく，仲裁手続の透明性に関する規則を置いていない既存のIIA一つ一つを改正していくのは，理論的には可能であっても，およそ現実的でない。しかも，上記I.A.にも述べたように，透明性が求められる背景には人権や「良き統治」の考慮がある。そうであれば，透明性関連規則の導入を各国に委ねておくだけでは十分ではなく，国連機関たるUNCITRALにおいて対応すべき問題だ，とも考えられる。

このような事情から，UNCITRAL 第 2 作業部会においても，UNCITRAL 仲裁規則改訂作業を進めていた 2008 年時点において，投資仲裁における透明性規則策定の必要性が既に主張されていた[16]。UNCITRAL は，まずは仲裁規則改訂作業に集中することとし，改訂作業完了後直ちに投資仲裁における透明性規則策定作業に取りかかることを決定した[17]。そこで，UNCITRAL 仲裁規則改訂作業が終了した 2010 年から，本作業が開始されたのである。

II 透明性規則の適用条件──作成する文書の性質

一般論として言えば，何をどのように公表・公開するか（透明性規則の内容）を固めた上で，その規則をどのようにして適用するか（透明性規則の適用条件）を定めるのが，議論の順序として適切だと思われる。しかし，透明性規則がどのような条件で適用されるかが透明性規則の内容を左右すると考えられたため，第 2 作業部会ではまず適用条件について検討を始め，その後も両者を並行的に検討してきた[18]。

IIA に基づく仲裁に透明性規則を適用するためには当該 IIA 当事国の合意が必要であることに，争いはない。問題は，その合意をどのように成立させるかである。

A. 既存の IIA に基づく仲裁手続への適用

現在，IIA の数は世界全体で 3000 近くに上ると言われており[19]，それら既存の条約に対して透明性規則を適用することができるかどうかは，極めて大きな問題である。

透明性確保を積極的に主張する国（カナダ・米国・アルゼンチンなど）は，「自動的適用」と「オプト・アウト方式」を主張した。これは，適用される IIA に「UNCITRAL 仲裁規則に基づいて仲裁を行う」と書かれている場合，当然に UNCITRAL 透明性規則も適用されることとし，IIA 当事国が透明性規則の適用を望まない場合は IIA にその旨明記するものとする（あるいは他の何らかの方法で適用排除の意思表示を行う），という方式である。もちろん，透明性規則の広範な適用を期待することができる方式である。この場合，UNCITRAL 仲裁規則を改正し（「2013 年 UNCITRAL 仲裁規則」[20] が成立することとなる），投資条約仲裁については透明性規則を併せて適用する，との規定を含めることを前提とする。

この主張に対しては，高い程度の透明性規則制定に消極的な諸国（中国・シンガポール・中東欧[21] など）から，条約内容は国家が決めるのであって，UNCITRAL によって条約内容が変更されることになるのは主権侵害である，という批判が寄せられた。これら諸国は，IIA に「UNCITRAL 仲裁規則に基づいて仲裁を行う」と書かれている場合であっても，UNCITRAL 透明性規則を適用しようとするためには透明性規則の適用に関する個別の合意が条約当事国あるいは仲裁手続当事者間においてなされねばならない，という「オプト・イン方式」を主張した。この立場は，透明性規則を UNCITRAL 仲裁規則とは無関係の独立文書として採択するか，あるいは，仲裁規則に上記のような規則を置いて投資条約仲裁について透明性規則適用を確保しよう

Ⅱ　透明性規則の適用条件——作成する文書の性質

とするのであれば，透明性規則の冒頭に，「本透明性規則の採択前に締結されたIIAについては，本透明性規則を適用する旨の合意が本透明性規則採択後になされない限り，適用されない」という規定を置くことを意味する。

この両方式は，いずれも純粋な形では困難を伴う。まず，「オプト・アウト方式」は，「1976年（2010年）のUNCITRAL仲裁規則に基づいて仲裁を行う」のように，1976年版あるいは2010年版を特定しているIIA[22]についてはほぼ不可能である。他方，「オプト・イン方式」に対しては，適用されるIIAに「UNCITRAL仲裁規則による」と書かれている場合にそれが透明性規則をも含むかどうかは当該IIAの解釈問題であって，個々の条約解釈問題にUNCITRALが立ち入るのはUNCITRALの権限踰越でありむしろこちらの方こそ主権侵害だ，との批判がある[23]。とりわけ，「その時点で効力を有しているUNCITRAL仲裁規則による仲裁」[24]あるいは「UNCITRAL仲裁規則（その改正を含む。）による仲裁」[25]という規定を有するIIAの場合，2013年UNCITRAL仲裁規則（投資条約仲裁については透明性規則を適用する，という規則を含む）発効後に申し立てられた仲裁について「オプト・イン方式」を採用する理由はない。

しかし，最終的には，UNCITRAL仲裁規則を改正（＝「2013年UNCITRAL仲裁規則」を制定）し，投資条約仲裁については透明性規則を併せて適用することとしつつ，既存のIIAについては「オプト・イン方式」を採用することで決着した（透明性規則案[26]1条2項[27]）。これは，UNCITRAL透明性規則案の他の規定との関連でパッケージ・ディールとして扱われたものであり，純粋に政治的判断による決定である。そこで，たとえば，「その時点で効力を有しているUNCITRAL仲裁規則による仲裁」を定めるIIAに基づき，本透明性規則発効（＝2013年UNCITRAL仲裁規則発効）後に仲裁が申し立てられる場合，2013年UNCITRAL仲裁規則が適用され，すなわち透明性規則の適用があることとなるにもかかわらず，いざ透明性規則を見てみると，その1条2項により（当該IIA当事国間または当該仲裁手続当事者間の合意がない限り）透明性規則の適用がないことが判る，という奇妙な結果が生じることとなってしまっている。

既存のIIAにつき「オプト・イン」方式をとるということは，即ち，あるIIAの当事国間でUNCITRAL透明性規則の適用に合意するか，具体的仲裁事案において当該仲裁手続当事者間（申立人たる投資家と被申立人たる投資受入国との間）でそれに合意するか，いずれかの場合にのみ透明性規則の適用がある，ということである。

IIA当事者間でUNCITRAL透明性規則の適用に合意する手段として考えられるのは，①当該IIAの改正，②当該IIAに関する解釈合意，③IIA当事国による単独宣言，④透明性規則適用に関する多数国間条約，などである。

①については説明を要すまい。②は，条約法に関するウィーン条約（条約法条約）31条3項(a)の意味での合意であり，「本IIAにいうUNCITRAL仲裁規則は，UNCITRAL透明性規則を含むものとする」という内容となる。③は，「我が国は，我が国が締結したIIAに基づく投資家対国家の仲裁に関して

は，UNCITRAL 透明性規則を適用する」という趣旨の単独宣言である。ある IIA の当事国 X および Y がその宣言をなす場合，当該 IIA が XY 間の二国間条約（二国間投資協定〔BIT〕）であれば条約法条約 31 条 3 項(a)にいう合意が成立し，多数国間条約（例，エネルギー憲章条約）であれば XY 間での条約の修正（条約法条約 41 条）がなされると考えられるため，X と Y の投資家との間の仲裁には透明性規則が適用されることとなる。④は，UNCITRAL 透明性規則の適用を約束する内容の多数国間条約であり，ある IIA の当事国 A・B が同時に当該多数国間条約の当事国でもある場合，A と B の投資家との間の仲裁には透明性規則が適用されることとなる（条約法条約 30 条 3 項・41 条）。

UNCITRAL としては，既存の IIA についても透明性規則を適用するために諸国がこれらの措置を執ることを勧奨するために，①についてモデル改正合意[28]，②についてモデル解釈宣言[29]，③についてモデル単独宣言[30]，④について多数国間条約案[31]を作成する用意を進めている。

B. 将来の IIA に基づく仲裁手続への適用

UNCITRAL 透明性規則採択後に締結される IIA に基づいて UNCITRAL 仲裁規則によりなされる仲裁については，透明性規則の適用を排除する特段の合意[32]が IIA 当事国間にない限り，透明性規則が適用される（透明性規則案 1 条 1 項[33]）。透明性規則の広範な適用に消極的な諸国は，将来の IIA についても透明性規則適用について個別の合意を必要とすべきだと主張していたが，上記パッケージ・ディールの一環として，このように決着した。

C. 投資仲裁と商事仲裁との区別

もちろん，透明性規則を商事仲裁に適用する必要はない。他方で，UNCITRAL 仲裁規則に基づく仲裁という点だけを見るならば，投資仲裁と商事仲裁との間に違いはない。そこで，商事仲裁に透明性規則が適用されることのないように，今回の作業においては，透明性規則の対象を単に投資仲裁とするのではなく，「IIA に基づく仲裁」に限定することとされた（透明性規則案 1 条 1 項および同項への注釈）。投資仲裁には，契約（投資契約・国家契約・コンセッション契約）に基づくものもあるが，条約に基づかない仲裁は，投資に関するものであっても，透明性規則の対象外となる。もとより，紛争当事者間で透明性規則の適用に合意されれば，適用は可能である。

D. UNCITRAL 仲裁以外の仲裁への適用

投資仲裁の透明性は，仲裁が UNCITRAL 規則に基づいてなされるかどうかには関係なく求められる。したがって，たとえば ICSID やストックホルム商業会議所（SCC）仲裁機関あるいは国際商業会議所（ICC）を用いてなされる投資仲裁においても，UNCITRAL 透明性規則が適用されることが望ましい。ICC 仲裁を除き[34]技術的には容易である。ただし，これらの場合に UNCITRAL 透明性規則を適用するためにはその旨の特別の合意が必要であり，たとえば IIA に「UNCITRAL 仲裁規則に基づく仲裁であるかどうかにかか

わらず，UNCITRAL 投資条約仲裁透明性規則を適用する」というような規定を置く，あるいは，上記Ⅱ.A. で示した，透明性規則適用のための条約や宣言などを用いるなどして，これらの仲裁についても UNCITRAL 透明性規則を適用することについて IIA 当事国間で合意することが不可欠となる。もちろん，そのような国家間の合意がない場合であっても，特定の仲裁事案において，UNCITRAL 透明性規則を適用する旨の合意が当該仲裁手続の当事者間でなされる場合は，透明性規則が適用される。

Ⅲ 透明性規則の内容──公開すべき情報および公開手法

A. 仲裁申立

　ICSID 仲裁の場合，仲裁申立が登録される（ICSID 条約 36 条 3 項）と，ただちに当事者名・紛争が関係する経済分野（「鉱物資源開発」・「金融」など）・登録日が ICSID ウェブサイト上に公開される（ICSID 運営財政規則 22 条 1 項を根拠とする）。UNCITRAL 透明性規則でも同様に仲裁申立時点から公開すべきとの意見がある一方で，仲裁廷が構成されるまでの間は公開しないとする方がよいとの意見も示された。後者の立場の根拠として，申立時点から公開してしまうと仲裁廷の構成に関して NGO などが圧力をかけることが危惧されること，また，仲裁廷が構成されるまでの時間は和解のために貴重な時期であり，紛争処理の観点からは公開しない方が得策であること，透明性規則の適用可能性について争いがある場合に判断する機関がこの時点では存在しないこと，などが指摘された。これに対して，NGO などが仲裁廷の構成に関して何らかの形で意見表明をすることに何ら問題はないこと，および，多くの IIA では仲裁申立の前に申立意図表明が求められており（いわゆる「冷却期間」の設定）[35]，仲裁申立を公開することで和解が妨げられることはない，との反論がなされた。

　透明性の観点からは，仲裁申立の事実のみならず，申立書面の公開も望まれる。しかし，その場合，後述の非公開情報（Ⅲ.F.）をどのように保護するかが問題となる。この段階ではまだ仲裁廷が構成されておらず，どの範囲の情報を非公開とすべきかにつき仲裁廷の判断を仰ぐことができないからである。そこで，仲裁廷構成前の段階では申立書面の公開は避け，当事者名・紛争が関係する経済分野・請求の基礎となる IIA の名称の公開にとどめることとされた（透明性規則案 2 条）。この程度の情報公開であれば，透明性規則の適用可能性につき争いがある場合であっても公開して差し支えないというのが作業部会の見解である。

B. 公開すべき文書の定義

　投資仲裁に関連する文書はどの範囲で公開すべきか。企業秘密など，後（Ⅲ.F.）に述べる例外を認めることに異論はないものの，その例外を前提にした上でなお，公開すべき文書の範囲をどう定めるかには対立がある。

　一つの考えは，仲裁廷に提出される文書および仲裁廷が発する文書は全て公開する，というものである。これは，透明性確保の面からは最も望ましいのみならず極めて明快な規則でもあるという利点がある一方，膨大な文書全てを公開することが果たして現実的か，

という問題がある。とりわけ，企業秘密部分などを黒塗り・白抜きして公開する場合，全ての文書を公開することになれば，黒塗り・白抜きの作業コストは深刻な問題になり得る。

そこで，文書を3つの類型に分けて公開の方法に差を付けることとなった。すなわち，①当然に公開する文書として，仲裁判断その他仲裁廷がなす決定，申立書・答弁書その他当事者提出書面，手続外第三者提出書面（後述），審問手続口述筆記（作成する場合のみ），②第三者からの請求がある場合には必ず公開する文書として，専門家による鑑定書，③第三者からの請求がある場合に仲裁廷が公開の可否につき判断する文書として，証拠文書（exhibits），のように類型化されたのである（透明性規則案3条1項～3項）。これらのいずれについても，後（Ⅲ.F.）に述べる例外が認められる。また，③については，仲裁廷の任務終了後（functus officio）に請求がなされる場合，それだけのために仲裁廷を再構成することは現実的でなく，その場合に関する規則は設けないこととされた。他方，仲裁判断を読んで初めて特定の証拠文書の重要性が明らかになることもあるため，仲裁廷の任務終了後の文書公開につき紛争当事者間で取り決めをしておくことを勧奨することも決められた。

C. 審問

審問を公開すべきかどうかについても大きな対立があった。公開に必要なコストが途上国にとっては大きなものになり得ることへの懸念や，紛争当事者間で非公開とすべきことにつき合意がある場合には公開すべきでない（ICSID仲裁規則32条2項は，紛争当事者のいずれかが公開に反対すれば公開しない，と定める）との主張が示された。これに対しては，コストはあまり大きなものでない，あるいは，投資条約仲裁の透明性は紛争当事者のために求められるのではない，との反論がなされた。

この問題をめぐっても最後まで対立が続き，結局，上記パッケージ・ディールの一環として，原則公開とすること，後（Ⅲ.F.）に述べる例外が認められること，施設上の制約のために公開が非現実的となる場合には仲裁廷の判断により審問の一部または全部を非公開とすることもあり得ること，が決められた（透明性規則案6条）。

D. 第三者が提出する見解

NGOなどが仲裁廷に自己の見解を提出することができるかどうかは，投資仲裁における透明性議論のきっかけともなった問題であり，それを全面的に否定する主張は作業部会の中では見られなかった。そこで，「仲裁廷はamicus curiae文書を受理し考慮することができる」と単純に定めておけば十分だとする立場も示された。しかし，これには，適切な提出資格・条件[36]を定めないと，仲裁廷に大量の文書が送りつけられて仲裁手続が無意味に遅延・高額化する恐れがあり，仲裁廷が事例ごとに提出資格・条件を定めることになると仲裁廷に過度の負担を課すこととなる，との批判が寄せられた。したがって，一定程度の枠をはめることとされた。また，amicus curiaeという用語は世界的には一般的ではなく，内容について共通理解が必ずしも存在しないことから，本規則では用いず，「第三者 a third person」という表現を用いることとさ

Ⅲ 透明性規則の内容——公開すべき情報および公開手法

れた。

まず,仲裁廷は第三者に意見書の提出を認めることができる(may)と定め,仲裁廷に意見の受理義務がないことが明確になった(透明性規則4条1項)。意見を提出しようとする第三者は,紛争当事者や他国政府との関係などを明らかにすべきとされ,仲裁廷は,当該第三者が当該仲裁手続に関して有する利害関係の程度や,仲裁手続との関係で有意義な情報提供をなすかどうかを考慮して,意見の提出を認めるかどうかの判断をなすこととされた(同4条2項・3項)。書面の字数制限等は仲裁廷が定める(同4条4項)。

E. 非紛争当事者たる IIA 他方当事国が提出する見解

たとえば,日本企業がブルネイとの経済連携協定(EPA)に基づいてブルネイを相手に仲裁を申し立てる場合,非紛争当事者たる日本は仲裁廷に自己の見解を述べる資格を有するか。この場合,同 EPA67 条 18 項により,当該 EPA の解釈に関する自己の見解を文書で提出することが明示的に認められている。そのような規定が IIA に定められていない場合(例,日ロ BIT)にも,非紛争当事国たる IIA 当事国が当該 IIA の解釈について仲裁廷に見解を提出する場合,仲裁廷はそれを受理しなければならないかどうか。

受理しなければならないとする国は,仲裁手続において条約当事国の一方のみが条約解釈について見解を述べるよりも,他方条約当事者の意見も考慮した方がより適切な解釈が得られる,と主張した。これに対し,反対の国は,投資家母国による見解提出を認めることは外交的保護につながり投資受入国の立場

を弱める,と主張した。結局,原則として,非紛争当事者たる IIA 他方当事国が当該 IIA の解釈に関する見解を提出する場合,仲裁廷はそれを受理しなければならない(透明性規則案5条1項)としつつ,仲裁手続に不当な負担(遅延)をもたらす場合や紛争当事者のいずれかにとって不公正な結果を招く場合には,受理を拒否することができる(同4項)とし,仲裁廷に一定の裁量を与えることとなった。

非紛争当事者たる IIA 他方当事国の見解を受理する義務が仲裁廷に課されるとしても,それはあくまで当該 IIA の解釈についてのみであり,それ以外の論点について提出される見解は,上記Ⅲ.D.の「第三者」の見解として扱われることとなる。

F. 例 外

透明性規則の策定に最も積極的な立場からも,国家機密や企業秘密など,ある程度の情報については非公開としなければならないことが指摘されており,この問題に関して基本的な対立はない。ところが,非公開とすべき情報をどのように定義するかはかなりの難題であり,作業部会でも最後まで交渉の主題となった。

結局,例外として保護される情報は,①「ビジネス上の秘密情報(confidential business information)」[37],②保護されるべきことが IIA に定められている情報,および,③被申立人[38]については被申立人の法,申立人については仲裁廷の判断により適用される法によって保護される情報,④法執行を害し得る情報(information the disclosure of which would impede law enforcement)(以上,透明性規則

53

案7条2項)、⑤被申立人が自己の安全保障上の重大な利益（its essential security interests）に反すると判断する情報（同3項）、⑥仲裁手続の適切な進行（integrity）のために保護することが必要と仲裁廷が判断する情報（同6項)[39]、である。

このうち、特に注釈を要するのは③～⑤であろう。③については、当初、「関連する法規により保護される情報」とのみ定め、具体的な法規の選択は仲裁廷の抵触法判断に委ねれば十分である、という見解が有力に示されていた。ところが、万一にせよ仲裁廷が紛争当事者たる国家の情報保護関連法を適用しないことが発生したとしたら大変なことになるので、「被申立人の法」への明示的言及は譲れない、という国が一定数見られた。しかし、「被申立人の法」により保護される情報は必ず非公開とされるとなると、被申立人（投資受入国）が自己に都合の悪い情報については非公開とする国内法を制定してしまえばその情報は非公開となり、透明性規則制定の趣旨を没却することにつながりかねない。そこで、例外を扱う透明性規則案7条においては上記のように定めつつ、一般条項たる1条に、透明性規則の趣旨を害するような措置が執られる場合には、仲裁廷は透明性規則の趣旨が貫徹されるようにする、と定める条項（1条8項[40]）を追加することで妥協が得られた。

④は、たとえば、汚職に関する刑事手続がいずれかの国で進行している際、当該汚職に関する事実が投資条約仲裁手続において公表されることが、当該刑事手続進行の妨げになるような場合である。これは、申立人（投資家）あるいはその関連会社等が刑事手続の対象になっている場合も、被申立人（の公務員）が対象になっている場合も含まれる。どのような情報の公開が法執行を害する（impede）かは仲裁廷が判断する。この条項を提案した諸国は、⑤と同様に自己判断条項とすべきと主張したが、それは透明性規則の趣旨を没却するとの批判が強く、仲裁廷の判断に委ねられることとされた。

⑤は、いわゆる自己判断条項であり、仲裁廷は被申立人の判断を丸呑みすることになる[41]。「安全保障上の重大な利益」に関してそのような条項がIIAに置かれることは珍しくなく（例、日・ブルネイEPA8条3項（a））、特に議論なく認められた。

G. 事務局

北米自由貿易協定（NAFTA）などのようにIIAで透明性規則を導入する場合、条約当事国（＝仲裁手続における被申立人）が透明性規則の適用に責任を負うこととなり、たとえばカナダ外務省のウェブサイトには、カナダが被申立人となった仲裁手続における申述書等がアップロードされている。しかし、被申立人となる国家に全面的に委ねてしまうならば、当該国が公開したくない事例については透明性規則の適用が実現されないおそれがある上、行政・財政能力上対応できない国もあると思われるため、ICSID事務局のように、情報を管理する機関が必要と考えられている。作業部会では、そのような機関を寄託所（repository）として設立することが検討された。

寄託所をどのように設立するかについて、二つの案が検討された。第一は、UNCITRAL透明性規則の適用について単一の寄託所を設置するというものであり、その場合UNCIT-

RAL事務局が第一候補となる。第二は，常設の事務局を有する仲裁機関（例，ICSID，常設仲裁裁判所（PCA），SCC）で手続がなされる仲裁については当該機関が寄託所としても機能する，という案である。

　前者は簡明であるが，新規の人的・財政的資源が必要であり，たとえばUNCITRAL事務局を寄託所とする場合，財政的制約の厳しい国連内で追加的予算が確保できるかどうか，必ずしも明らかではない。また，その場合，同一仲裁手続において仲裁事務局（たとえばICSID）と寄託所（たとえばUNCITRAL事務局）とが併存することになり，余計な混乱と費用増加を招くことが危惧される。第二の選択肢をとる場合，寄託所の要する経費は紛争当事者が負担することとできる上，仲裁事務局と寄託所とが単一であるため便利である。しかし，第二の選択肢をとる場合，寄託所となる可能性のある仲裁事務局（ICSIDなど）それぞれにおいて初期投資（情報セキュリティの完備したウェブシステム・サーバーの準備，それを管理する人員）が必要となり，費用対効果の面で非現実的であるとの指摘がICSID等の仲裁諸機関からなされ[42]，第一の選択肢がとられることとなった。

　現在，寄託所として検討されているのはUNCITRAL事務局であり，国連内で予算を確保することができれば（2013年末までに決定される見込みである），UNCITRAL事務局が寄託所となることが確定する。予算が確保できなければ，ICSIDあるいはPCAが第二の選択肢として立候補しており，それらの機関に委ねることが検討されることになる。

　寄託所について残されているその他の問題は，UNCITRAL透明性規則の適用に関して寄託所が享有すべき免除である。透明性規則に従って寄託所がある文書をウェブサイト上に公開した場合，いずれかの国においてその国の情報保護法に違反するとの国内訴訟が寄託所に対して提起される可能性がある。そのような場合，寄託所が可能な限り広範な免除を共有すべきことについて作業部会内で一致が見られているが，具体的にどのような法的手法でそのような免除を確保するかについては，まだ検討されておらず，現在，寄託所候補として名乗り出ているUNCITRAL事務局[43]・ICSID[44]・PCA[45]に対し，それぞれが既に享有する免除で不足する部分があるかどうか，あるとすればどのような対処法が必要か，UNCITRALに対して報告することが求められている[46]。

おわりに

　今後は，2013年7月に開催されるUNCITRAL（全体会議）46回会期で透明性規則案の条文が最終的に採択され，透明性規則を適用するための多数国間条約案等についての議論がなされる見込みである。ただし，最後に述べた免除のように，残された課題は，周辺的なものばかりとはいえ必ずしも少なくなく，2013年7月の会期で全ての問題が決着できる見込みが高いとは言えない。

UNCITRAL 仲裁部会における投資仲裁条約手続透明性規則作成作業

注　釈

1 　筆者は，UNCITRAL 第 2 部会に第 53 回会期より日本政府代表として参加している。本稿に示す見解は個人的なものである。また，2011 年 2 月までの作業状況については既に別途発表したことがある。「UNCITRAL 仲裁部会における投資仲裁手続透明性規則作成作業」JCA ジャーナル 58 巻 8 号（2011 年）4-10 頁。本項は，その後の動きを加えたものである。

2 　投資に関する国際法の展開につき，酒井啓亘ほか『国際法』（有斐閣，2011 年）第 5 編第 1 章第 3 節［濵本正太郎執筆］。現状の概観として，小寺彰（編著）『国際投資協定』（三省堂，2010 年）。最近の仲裁判断例につき，「投資協定仲裁判断例研究」JCA ジャーナル連載（55 巻 10 号〔2009 年〕～）。

3 　参照，日・ラオス投資保護条約 17 条 1 項。ただし，文言上，仲裁廷の管轄権が条約違反の有無に限定されていない場合もある。例，日・エジプト投資保護条約 11 条。そのような条項をどのように解釈すべきかにつき，参照，濵本正太郎「投資保護条約に基づく仲裁手続における投資契約違反の扱い」RIETI Discussion Paper Series 08-J-014，28-37 頁。

4 　公正衡平待遇義務違反の有無が争われた最近の事例につき，山本晋平「米国各州のタバコ規制により影響を受けるタバコ取引業を営むカナダ先住民族の権利が問題となった投資仲裁判断例」JCA ジャーナル 58 巻 7 号（2011 年）32 頁。

5 　収用の成立が争われた最近の事例につき，鈴木五十三「投資受入国裁判所による ICC 仲裁に対する介入の収用該当性」本誌 57 巻 7 号（2010 年）18 頁。

6 　ただし，投資保護条約に義務遵守条項（アンブレラ条項）が規定されている場合は，国家の非権力的行為についても条約に基づく仲裁を利用する可能性がある。参照，濵本・前掲注 3・1-28 頁，濵本正太郎「義務遵守条項（アンブレラ条項）」小寺・前掲注 2・137-155 頁。

7 　Report of the Working Group on Arbitration and Conciliation on the work of its forty-eighth session（New York, 4-8 February 2008），U.N. Doc. A/CN.9/646, para. 57.

8 　人権および多国籍企業に関する国連事務総長特別代表は，この観点から投資仲裁の透明性確保の必要を強く訴えている。Report of the Working Group, *supra* note 7, Annex I; Report of the Working Group on Arbitration and Conciliation on the work of its fifty-fourth session（New York, 7-11 February 2011），U.N. Doc. A/CN.9/717, para. 15.「知る権利」は，たとえば市民的及び政治的権利に関する国際規約 19 条 2 項に定められている。

9 　「国家と他の国家の国民との間の投資紛争の解決に関する条約」（1965 年）

10 　種々の仲裁規則・国内法における仲裁手続の非公開性・秘匿性に関する規定につき，井口直樹「投資協定手続の透明性」公正貿易センター『「投資協定仲裁研究会」報告書（平成 21 年度）』（2010 年）53 頁，57-61 頁。

11 　仲裁先例につき，久保田有香「NAFTA11 章仲裁手続におけるアミカス文書の取り扱い」（中央大学）大学院研究年報 34 号（法学研究科篇）347 頁（2005 年），Tomoko Ishikawa, "Third Party Participation in Investment Treaty Arbitration", *International and Comparative Law Quarterly*, vol. 59, 2010, p. 373，久保田有香「投資協定仲裁手続における透明性―ICSID におけるアミカス・キュリエ―」秋月弘子ほか編『人類の道しるべとしての国際法』601 頁（国際書院，2011）。WTO 紛争処理機関での類似の議論につき，小寺彰「WTO における amicus curiae」公正貿易センター『「投資協定仲裁研究会」報告書（平成 21 年度）』（2010 年）43 頁，小林献一「WTO 紛争解

おわりに

　決手続の正統性と透明性」RIETI Discussion Paper Series 08-J-002。

12　例，日・メキシコ経済連携協定（2004 年）94 条 4 項，米・ウルグアイ投資条約（2005 年）29 条，カナダ・ペルー BIT（2006 年）38 条。

13　久保田・前掲注 11（ICSID）。

14　ICSID 条約 66 条 1 項によれば，条約改正には全当事国の同意が必要である。

15　ICSID 仲裁規則は国際機構たる ICSID の内部規則であり，ICSID 条約 6 条 1 項（c）に根拠を置く。当然ながら，ICSID 条約と矛盾する内容の規則を定めることはできない。

16　Report of the Working Group, *supra* note 7, paras. 54-69.

17　Report of the United Nations Commission on International Trade Law, Forty-first session（16 June-3 July 2008, U.N. Doc. A/63/17, para. 314.

18　以下の記述は，第 2 作業部会第 53 回会期（2010 年 10 月）報告書（A/CN.9/712）・第 54 回会期（2011 年 2 月）報告書（A/CN.9/717）・第 55 回会期（2011 年 10 月）報告書（A/CN.9/736）・第 56 回会期（2012 年 2 月）報告書（A/CN.9/741）・第 57 回会期（2012 年 10 月）報告書（A/CN.9/760）・第 58 回会期（2013 年 2 月）報告書案（A/CN.9/WG.II/LVIII/CRP.1, Add.1-4）を基礎としている。煩雑になるため，該当パラグラフ番号をいちいち明示することは避ける。なお，UNCITRAL の報告書には，「……という意見が示された」と書かれるのが通例で，どの国がその意見を示したかが明示されることはほとんどない。また，オブザーバーも自由に意見を述べることができるため，NGO の見解が報告書に掲載されていることもある。UNCITRAL 第 2 作業部会には，ICSID はもちろん，常設仲裁裁判所（PCA）やストックホルム商事会議所（SCC）仲裁機関などもオブザーバーとして参加しており，それら機関の実務的見解は貴重である。

19　UNCTAD, *Recent Developments in International Investment Agreements*（*2008-June 2009*）, U.N. Doc., UNCTAD/WEB/DIAE/IA/2009/8, p. 2, p. 8.

20　改正規則の採択が 2014 年に延びる可能性もないではないが，便宜上，本稿では，2013 年に改正規則が採択されるとの前提でこのように記す。

21　EU 構成国は，当初は全くばらばらに発言をしており，その中で中東欧諸国の消極姿勢は目立っていた。ところが，第 56 回会期（2012 年 2 月）頃から次第に EU 構成国は発言しなくなり，それに対応してオブザーバーの EU 代表の発言が増え，直近の第 58 回会期（2013 年 2 月）では EU 代表のみが発言するようになった。これは，透明性規則案の審議が，投資法に関する権限が EU 構成国から EU に移譲されるプロセスと重なったためである。この問題については，さしあたり，「投資協定に関する欧州連合と構成国との権限配分」公正貿易センター『投資協定仲裁研究会報告書（平成 21 年度）』（2010 年 3 月）115-123 頁。

22　たとえば，日本・パプアニューギニア BIT は，2011 年に署名された条約でありながら，「千九百七十六年四月二十八日に国際連合国際商取引法委員会により採択された国際連合国際商取引法委員会の仲裁規則による仲裁」を紛争処理手段の一つとして定めている（16 条 4 項(c)）。

23　「〇〇については規範 X の定めるところに従い……」と定める条約規範がある場合，その「規範 X」が何を指すかは当該条約の解釈問題である。「規範 X」は，当該条約当事国が当事国でない他の条約規範であることも，国内法上の規範であることも，非法的規範（例，ISO 基準）であることもある。

UNCITRAL 仲裁部会における投資仲裁条約手続透明性規則作成作業

24 例, 日・香港 BIT 9 条 1 項。

25 例, 日・カンボジア BIT 17 条 4 項 (iv)。

26 以下, 透明性規則案の条文番号は, 第 58 回会期 (2013 年 2 月) に採択された規則案のそれである。本稿執筆時点 (2013 年 2 月) では, 規則案条文は, 第 58 回会期に向けて事務局が作成した作業文書 (A/CN.9/WG.II/WP.176, A/CN.9/WG.II/WP.176/Add.1) および同会期報告書案 (前掲注 18) に散在している。2013 年 7 月に開催される UNCITRAL 第 46 回会期に向けて修文上の手直しがなされた規則案が事務局より提出される予定である。したがって, 本稿に引用する条文には修正が加えられる可能性があることを承知されたい。

27 "In investor-State arbitrations initiated under the UNCITRAL Arbitration Rules pursuant to a treaty concluded before [date of coming into effect of the Rules on Transparency], these Rules shall apply only when:
  (a) the disputing parties agree to their application in respect of that arbitration; or,
  (b) the Parties to the treaty, or, in the case of a multilateral treaty, the home State of the investor and the respondent State, have agreed after [date of coming into effect of the Rules on Transparency] to their application."

28 モデル改正合意案, A/CN.9/WG.II/WP.166/Add.1, para. 23.

29 モデル解釈宣言案, A/CN.9/WG.II/WP.166/Add.1, para. 22.

30 モデル単独宣言案, A/CN.9/WG.II/WP.176/Add.1, para. 34.

31 多数国間条約案, A/CN.9/WG.II/WP.176/Add.1, paras. 17ff.

32 この特段の合意には, IIA が「1976 年の UNCITRAL 仲裁規則」または「2010 年の UNCITRAL 仲裁規則」に基づいて仲裁を行う, と定めている場合が含められる。

33 "The Rules on Transparency shall apply to investor-State arbitrations initiated under the UNCITRAL Arbitration Rules pursuant to a treaty providing for the protection of investments or investors ("treaty") concluded after [date of coming into effect of the Rules on Transparency], unless the Parties to the treaty have agreed otherwise."

34 ICC 仲裁規則に基づく仲裁の場合, 仮に IIA 当事国全てが UNCITRAL 透明性規則の適用に合意していたとしても, ICC 仲裁廷がそれを適用するかどうかは定かでない。ICC 仲裁規則 15 条 1 項にいう "where these Rules are silent" の場合に当てはまるかどうかが問題となる。

35 たとえば, 日本・インドネシア EPA69 条 6 項は, 仲裁申立の意図を表明してから 90 日後以降に仲裁申立が可能と定める。

36 それを定める例として, 2003 年の北米自由貿易協定 (NAFTA) 自由貿易委員会声明 (ただし法的拘束力なし) がある。Statement of the Free Trade Commission on non-disputing party participation, 7 October 2003. <http://www.international.gc.ca/trade-agreements-accords-commerciaux/agr-acc/nafta-alena/nafta_commission.aspx> また, ICSID 仲裁規則 37 条も一定の条件を定める。

37 世界貿易機関 (WTO) では business confidential information (BCI) という表現が一般に用いられる。Business と confidential とが入れ替わっていることに, 深い意味はない。ただし, フランス語では, WTO で renseignements commerciaux confidentiels という表現が用いられるのに対し, UNCITRAL 透明性規則策定作業では, あえてそれを採用せず, informations commeciales confidentielles が用いられている。Renseignements よりも informations の方が広い概念であることは指摘に値する。スペイン語では, いずれも información comercial confi-

おわりに

dencial である。

38 香港が締結している IIA は少なくなく，また，近い将来には欧州連合（EU）も投資章を含む自由貿易協定を締結することが見込まれるため，被申立「国」（respondent State）という表現は避けることとされている。

39 想定されているのは，仲裁人・代理人・証人などの身体に危害が及ぶことが危惧されるような場合である。

40 "In the presence of any conduct, measure or other action having the effect of wholly undermining the transparency objectives of these Rules, the arbitral tribunal shall ensure that those objectives prevail."

41 もちろん，あまりに不当な援用とみられる場合には，信義則に基づき仲裁廷が被申立人の判断を覆すことも考えられなくはない。

42 A/CN.9/WG.II/WP.177, para. 9.

43 国連憲章 105 条・国連特権免除条約・本部協定等に基づく免除を享有する。

44 ICSID 条約 19 条以下による免除を享有する。しかし，UNCITRAL 透明性規則寄託所としての機能は ICSID 条約に定められた機能とは言い難く，ICSID が寄託所として機能する場合に ICSID 条約上の免除を享有するとは考えがたい。たとえば，ICSID が ICSID 条約に基づかない仲裁の事務局として機能する場合について定める追加的措置（Additional Facility）規則 3 条は，その場合に ICSID 条約の適用がないことを明示している。

45 PCA の設立文書たる 1899 年の国際紛争処理条約（24 条）および 1907 年の国際紛争処理条約（46 条）には，PCA の構成員即ち仲裁人の免除については規定があるが，事務局の免除については規定がない。

46 なお，同様の問題が仲裁人についてもあり得ることも認識されているが，まだ議論は深められていない。2010 年 UNCITRAL 仲裁規則 16 条は仲裁手続当事者が仲裁人の責任を追及しないことを定めているが，透明性規則の適用に際しては，第三者が，当該人の保護されるべき情報が不当に公開されたとして仲裁人に対してどこかの国の裁判所で訴訟を提起する可能性が否定できない。情報がウェブ上で公開されることが予定されているだけに，なおさらである。

国際仲裁手続と外国倒産手続

手塚裕之（てづか　ひろゆき）
弁護士

I はじめに

国際仲裁手続と外国倒産手続の交錯は，国際的な経済活動を行っている企業においては，重要な関心事であり，経済情勢等による国際倒産の増加と，企業による仲裁合意を含む取引契約の増加を背景に，両者の交錯が問題となる事例も増加している。

そもそも，仲裁手続は当事者の自治に基礎を置く，限られた契約当事者間だけの手続であるのに対して，倒産手続は国家裁判所の関与のもとに集権的な債権債務処理を行うべく，当事者の契約自由の制限となる規律やメカニズムを採用している手続である点で，手続の基本的精神や構造に大きな相違がある。仲裁手続と倒産手続が交錯する場面は多層的であるが，特に，①破産者が破産手続開始前に行った仲裁合意に関して，倒産手続開始後に選任された破産管財人との間での有効性，②仲裁手続開始後，当該仲裁当事者に倒産手続が開始した場合に，当該仲裁手続に及ぼす影響，及び，③仲裁判断の言い渡し後，当該仲裁当事者に倒産手続が開始した場合に，当該仲裁判断の承認執行に及ぼす影響等があげられる[1]。

日本において，これまで実際に，国際仲裁手続と外国倒産手続の交錯が問題となった事例はごく限られているが，今後仲裁手続の利用の活発化に伴い，重大な問題として認識される可能性は高いと考えられる。

以下，本稿はIBA（国際法曹協会）2011年バンクーバー年次大会のArbitration & Insolvencyセッションにおける，Vivendi事件をめぐるスイスの連邦裁判所の判決[2]と英国裁判所の判決[3]に関する議論をもとに，国際仲裁手続と外国倒産手続における実務上の問題点を検討し，それをふまえて，日本における国際仲裁手続と外国倒産手続の交錯に関する学説・実務の現状と問題点及び日本企業への示唆を略説する。

II Elektrim v. Vivendi 事件をめぐる議論[4]

Elektrim v. Vivendi 事件においては，仲裁手続中の当事者の一方が，仲裁地とは異なる外国において倒産手続の開始決定を受けた場合の外国倒産手続が仲裁手続に及ぼす影響や，外国倒産手続の承認が問題となった。並行する手続の中で，スイス連邦最高裁判所と英国裁判所はそれぞれ当該事項に関する判断を行ったが，その判断は大きく異なるものであった。上記IBAのセッションでは，UNCITRALモデル法準拠国のスピーカーと非モデル法国のスピーカーとが，上記Elektrim v. Vivendi 事件におけるスイス連邦最高裁判所の判断と英国裁判所の判断を題材にして，同様の事実関係のもとでの各国の対応がどうなるか等の議論を行った。

1 Elektrim v. Vivendi 事件の概要

(1) Elektrim v. Vivendi 事件に関するスイス連邦最高裁判所の判断（ジュネーブICC仲裁）の概要

Elektrim社はポーランドの会社であり，ポーランドの裁判所がElektrim社の倒産手続開始の宣告を行ったところ，その時すでに，Elektrim社に対する仲裁手続がスイスのジュネーブで開始していた（ジュネーブICC仲

Ⅱ　Elektrim v. Vivendi 事件をめぐる議論

裁）。ポーランドの倒産法は，倒産手続開始の宣告により，債務者によって締結された全ての仲裁合意は無効になり，審理中の仲裁手続は終了する旨を規定していたため（ポーランド倒産法142条），破産者側はICC仲裁廷に対してポーランドの倒産法に基づく管轄抗弁を主張した。

　ICC仲裁廷は，破産者側の管轄抗弁の主張を容れて，Elektrim社に対する仲裁手続の終了決定をした。そして，スイス連邦最高裁判所は，ICC仲裁廷の決定を支持した。

　すなわち，スイス連邦最高裁判所は，外国の倒産手続のもとでの仲裁適格の喪失は，仲裁当事者の「能力」の問題として性格付けられるから，法人の設立準拠法であるポーランド法に従って決定されるとし，結果として，ポーランドの倒産法142条を適用し，仲裁廷の判断を支持した。

(2)　Elektrim v. Vivendi 事件に関する英国裁判所の判断（ロンドンLCIA仲裁）（Syska v. Vivendi 事件）の概要

　2003年8月Vivendi社は仲裁合意に従い，Elektrim社に対してLCIAの仲裁廷で仲裁を開始した。2007年8月21日Elektrim社に対して，倒産手続開始の宣告がなされ，その後，Warsaw裁判所は，Mr. SyskaをElektrim社の管財人に選任した。

　2008年秋，倒産手続の開始から数ヶ月後，Elektrim社とMr. Syskaは，LCIAの仲裁廷に管轄異議の申立てを行い，倒産手続を開始した日から，仲裁は停止されるべきであると主張した。彼らはEUの外国倒産手続に関する規則であるEuropean Insolvency Regulation（以下，EIRという。）4.2条[5]に依拠し，「現に有効な契約（current contract）」に対する倒産手続の開始の効果は，lex concursus「（倒産）手続開始国の法」，すなわち，ポーランドの倒産法によって決められるべきであると主張した。

　Vivendi社は，仲裁は「lawsuit pending」（EIR15条[6]）であるとし，倒産手続の仲裁手続への影響は，訴訟手続係属国法によって決められるべきであるとし，この問題はEIR15条によって決められるべきであると反論した。

　LCIA仲裁廷は，EIR15条で，倒産手続の訴訟手続への影響は訴訟手続係属国法による，と定められているので，当該問題については訴訟手続係属国法である英国法が適用され，それによれば仲裁手続は停止しないとして，LCIA仲裁廷の管轄を認め，実体判断も行い，多額（19億ユーロ）の支払いを命じる仲裁判断を下した。英国の裁判所も高裁レベルまでこれを支持した。

　当該英国の裁判手続において，下級審は仲裁が開始したか否かでEIR 4.2条(e)とEIR 15条の適用を区別するとし，仲裁がすでに始まっていた場合に，仲裁の継続に関する倒産手続開始の影響は，EIR 15条が適用になり，lex arbitriとして英国法で判断される。他方で，仲裁がまだ開始していなかった場合は，仲裁に対する倒産手続開始の影響は，EIR 4.2条(e)が適用になり，lex concursusとして，ポーランド倒産法で判断されるとする。そして，下級審はLCIAの当該仲裁はすでに開始していたので，EIR 4.2条(e)ではなくEIR 15条が適用され，英国法が適用されるとしてLCIA仲裁廷の判断を支持した。

　これに対して，高裁は，手続問題であるか

実体問題であるかを問わず，全てEIR 15条の問題であるとし，結論として，英国法が適用されるとしてLCIA仲裁廷の判断を支持した。

2　英国スピーカーの疑問 [7]

英国スピーカーであるRichard Millett QC氏は，Elektrim v. Vivendi事件に関する英国裁判所の判断に関して，EIR 15条は，手続の中止や誰が当事者となるべきかといった手続問題の準拠法の規定であり，倒産の際に仲裁合意が無効となるかどうかといった実体問題の準拠法の規定ではないこと，また，実体問題の準拠法は4.2条(e)の問題であることを指摘する。

すなわち，英国高等裁判所の判断に従えば，仲裁廷がElektrim社の倒産の後にも，仲裁管轄を有するかに関しては，EIR 15条によりイギリス法が適用され，仲裁手続を停止する必要はないとされる。しかし，イギリス法によれば，仲裁廷が管轄を維持し，仲裁を継続するためには，有効な仲裁合意が必要であるところ，イギリス法の一部と考えられるEIR4.2条(e)によれば，有効な仲裁合意の存否については，ポーランド法によって判断されることになり，結局，ポーランド倒産法142条により，仲裁合意は無効であり，仲裁の終結を命じなければならないということになる。

このようにElektrim v. Vivendi事件に関する英国裁判所の判断によれば，ポーランド法では倒産により仲裁合意が無効となると，仲裁を進められないことになるのではないかとして，疑問を述べる。もっとも，おそらくラトヴィアを除く他のEU加盟国は倒産の効果として仲裁合意が無効というアプローチをとっていないため，ポーランドとラトヴィアの当事者の破産の場合にのみ，問題となる旨コメントされている。

3　スイススピーカーのコメント [8]

スイススピーカーであるLaurent Lévy氏は，Elektrim v. Vivendi事件に関するスイス連邦最高裁判所の判断に関して，仲裁手続と外国倒産手続の競合の問題を準拠法の問題と考えるのであれば，能力の問題を属人法によるとしてポーランド法に従って判断されるとするのでなく，仲裁合意の準拠法たるスイス法によって判断されるべきではないかと指摘する。

スイス法では，state partyについての特別規定はあるが，本件はstate partyではない。また，本件で問題となる能力は一般能力（general capacity）ではなく，（仲裁当事者適格的）special capacityであって，それは属人法でなく，（準拠法決定プロセスを経て決まる）lex causaeによるものである。その場合，属人法たるポーランド法はそれが絶対的強行法規でない限りは考慮されないが，債権者平等等と異なり，仲裁合意の無効はそのような性質のものとは言えないため，ポーランド法を考慮すべきでないと指摘する。

ただし，Laurent Lévy氏は，仲裁人による倒産手続への配慮の必要性についても述べる。たとえば，個別執行の禁止に反して優先弁済を認めるような仲裁判断を出すことは国際的公序違反だとしたフランス破棄院の2009年5月9日判決などを参考に，支払いを命じるのではなく宣言的判断だけをするなど，仲裁人は倒産手続に配慮する必要がある

III 日本における国際仲裁手続と外国倒産手続の交錯から生じる矛盾解決への発展的なアプローチ[9]

1 日本の新たな国際倒産法におけるUNCITRAL国際倒産モデル法の影響

(1) 民事再生法と外国倒産承認援助法[10]

従来の日本の倒産法制において、日本で開始された倒産手続は日本国内の資産のみに及ぶとし、長らく厳格な属地主義が採用されていた。逆に言えば、外国の倒産手続の効力は日本国内には及ばない、ということになる。そのため、以前は、外国債務者が保有する日本国内の財産に関する外国倒産手続の効力や承認に関するいかなる規定も採用されていなかった。

倒産手続の域外適用の効果を認める国際的な傾向は、普及主義との調和の精神の中で、1980年代と1990年代に多くの支持を獲得し始めた。英国、スイス、オーストリア及びドイツは、1990年代半ばまでに国際的倒産関連法を施行し、さらに、1997年に、United Nations Commission on International Trade Law（UNCITRAL）は外国倒産手続に関する国際倒産モデル法（UNCITRAL国際倒産モデル法）を採択した。そして、2000年に、EUも国際倒産に関する新しい規則（EIR）を採用した。

法務省、法制審議会倒産法部会は、1996年10月に消費者倒産への対応、中小企業等の再建手続の整備等と並んで、国際倒産への対応を主要な課題として、倒産法制全般の見直しに着手し始め、1997年12月にとりまとめられた「倒産法制に関する改正検討事項」においても、国際倒産法制については検討事項として挙げられ、パブリックコメントを募集した。

その当時の日本の経済状況に鑑みると、主に中小企業等の再建手続の整備を優先する必要があったため、民事再生法の制定作業を先行し、外国倒産手続の承認に関する規定の全面的な導入は時間的・法制的制約から困難であった。もっとも、企業の国際的な経済活動に対応するためにも、従来の厳格な属地主義を維持することは時代遅れであり、普及主義の導入が強く叫ばれていたため、民事再生法においては、再生手続の対外的効力を明記し[11]、国際協調を最大限示す国際倒産関係の規定を導入したのである[12]。その後、他の倒産法制改正の際には、民事再生法において導入された同種の緩やかな普及主義に基づく規定が導入された。それらの規定はUNCITRAL国際倒産モデル法の影響を受け、倒産手続の域外での影響、並列倒産手続の調整メカニズムの導入[13]に関する規定を導入したが、クロス・ファイリングシステム[14]のように、UNCITRAL国際倒産モデル法による世界水準を上回る国際協調姿勢を示す規定の導入も行っている。

さらに、日本は、2000年に、日本の裁判所の決定により外国の倒産手続を承認できる外国倒産処理手続の承認援助に関する法律（以下、外国倒産承認援助法という。）を導入した。

(2) 外国倒産承認援助法と UNCITRAL 国際倒産モデル法の類似点

　外国倒産承認援助法は UNCITRAL 国際倒産モデル法の強い影響のもとで起草され，その基礎的な精神である修正普及主義を共有した。そのため，外国倒産承認援助法と UNCITRAL 国際倒産モデル法は多くの点で類似している。

　例えば，外国倒産手続を自動的に承認するのではなく，国内裁判所の決定によって外国の倒産手続を承認するという点で基本構造が類似している[15]。

　また，外国倒産手続が主手続の場合であっても，従手続の場合であっても，両方とも承認対象となっている[16]。

　さらに，裁判所は，承認申立てがあると，外国倒産手続の承認前であっても，保全処分として，保全管理命令等を出すことができる[17]。

(3) 外国倒産承認援助法と UNCITRAL 国際倒産モデル法の相違点

　外国倒産承認援助法と UNCITRAL 国際倒産モデル法の最も重要な違いの一つは，承認の効果に対する裁判所の裁量の有無である。すなわち，UNCITRAL 国際倒産モデル法は外国において主倒産手続が認められると，自動的に手続の停止等の効果が生じるとするが[18]，これに対して外国倒産承認援助法は，外国倒産手続を承認した場合に，自動的に手続が停止するのではなく，国内裁判所に中止決定の裁量を認めているという点で異なる。

　もう一つの重要な違いは，中止決定の対象についての文言上の相違である。UNCITRAL 国際倒産モデル法第20.1条は，「individual actions or proceedings（個別訴訟又は個別手続）」として，広く中止決定の対象を規定しているのに比して，外国倒産承認援助法第25条[19]が中止決定の対象として，「強制執行，仮差押えあるいは仮処分のための手続」，「訴訟手続」，及び「行政手続」を規定している点が異なる。

2 仲裁手続の中止

(1) 文言の違いに関連する議論

　外国倒産承認援助法と UNCITRAL 国際倒産モデル法との文言の違いは，外国倒産承認援助法のもとで中止される手続の範囲に関する争いの原因となっている。具体的には，仲裁手続が外国倒産承認援助法の文言上あえて除外されているようにも読めるため，仲裁手続が倒産手続開始に伴う中止の対象となるか，争いがある。

　すなわち，日本で倒産手続開始決定があったことで中止する手続として，強制執行等のほか，訴訟手続と行政手続が挙げられ，仲裁手続が明示されていないことについて，仲裁は中止あるいは受継の対象にならないという考え方と，仲裁も類推適用で中止あるいは受継対象となるという考え方があり，対立している。

　もっとも，実際には，多くの場合，日本の裁判所による中止命令を得ることが，日本で実施され，又は日本の当事者が関与する仲裁を中止させる唯一の手段ということにはならない。

　たとえば，仲裁地が日本国外である場合，又は，仲裁手続の準拠法が日本法以外である場合，外国の債務者又はその破産管財人は，仲裁地の法や仲裁手続の準拠法に従って，仲

III 日本における国際仲裁手続と外国倒産手続の交錯から生じる矛盾解決への発展的なアプローチ

裁の中止を判断する場合があり得る。

仲裁地が日本であり、外国倒産承認援助法が許容していないという理由で日本の裁判所が仲裁の中止を命令することができない場合でも、倒産開始地である外国において、日本の仲裁当事者が対人的管轄権に服していることを理由に、当該外国倒産手続を統轄している外国の裁判所は仲裁手続の中止命令を出せる可能性がある。

なお、日本の破産法が中止の対象に関して、外国倒産承認援助法と同様に曖昧な言い回しを使用しているため、中止の対象に関する同様の問題が国内破産法の文言においても発生し得るのであり、当該文言の問題は国際倒産の文脈に限られるものではない[20]。

また、仲裁手続が倒産手続開始に伴う中止の対象となるか争いがあるものの、仲裁判断に基づく強制執行手続や仲裁判断の執行決定手続が倒産手続開始に伴う中止対象であることは争いがない。

さらに、仲裁合意の当事者である債権者が、倒産手続上の債権届出を怠れば、配当に参加できないことも争いがない。

よって、実務上は、債権者は債権届出をすることになり、現行法では査定手続が行われることになる。査定手続の際は、日本語で日本の裁判所で争うことが必要になる。査定決定後、更に争いがあるときに、債権確定訴訟によるのか、それとも仲裁合意に従い仲裁手続によるのか、については、以下に述べる。

(2) 仲裁合意の対象となる債権の確定

仲裁合意の対象となる債権は、どのような手続により確定するのかについても、争いがある。たとえば、話を単純化するために、日本国内だけを想定して考えてみるが、日本で倒産手続開始決定があった場合、日本において継続していた仲裁手続は一旦止まることを前提に、仲裁手続にかかっていた債権に関して、査定決定に不服がある場合、とりわけ、否認権の行使や倒産手続内での優先権の有無等倒産法固有の問題について争いがなく、専ら仲裁で争われている債権の存否とその額のみが争いの対象となっている場合、当該債権の額を確定するためには、確定訴訟を行うのか、それとも債権確定手続を仲裁で行うのかについては争いがある。この点については、学説上も見解が分かれている[21]。

仲裁合意そのものを双方未履行契約として管財人が解除できるとする、あるいは、管財人に履行の選択権を認めるとする説やコア問題（全破産債権者の地位に由来する否認、対抗問題及び相殺制限等の倒産手続に固有の問題）と非コア問題（債務者の地位に由来し、手続開始前なら債務者が自ら対処し得た、債権の存否や金額等の問題）とで区別する説[22]などが対立している。

上述のとおり、国際的な傾向は、普及主義を進める方向にあると言える。すなわち、他国における手続は倒産主手続が係属している裁判所での手続のため、中止することができる方向に向かっており、とりわけ、倒産手続のコア問題に関しては、当該中止が可能となる傾向があるように思われる。このアプローチは、予見可能性、公平性、手続重複の回避においてメリットがある。仮に他国での仲裁手続を倒産主手続が係属している裁判所により中止できないとすると、相互に相容れないような異なる国での別個の仲裁手続で、仲裁合意の対象となる債権を別個の申立人が申し

立てることにより，異なる判断を受ける可能性があり，別個の申立人間において異なる手続により，相違する不公平な結果に至るおそれがある。このように，国際的な傾向は，倒産主手続の国での倒産手続の開始によって，仲裁手続が提起された個々の国において，仲裁手続の一時的な停止が与えられる可能性があるという修正普及主義の方向にある，と言えよう。

(3) 裁判所と仲裁の先例

上述のように，外国倒産手続のために，日本の裁判所が日本での仲裁手続の中止命令を出せるかという点については，争いがあるのに対して，日本の債務者が倒産手続の申立てを行い日本で倒産手続が開始した場合において，倒産債務者が外国に係属する仲裁手続の中止を要請する場合，日本の裁判所が債務者又は破産管財人に，関連する外国裁判所に対して当該仲裁手続の中止のための申立てを許可することは実務的に違和感なく行われている点は興味深い。

① 大成火災海上保険株式会社

大成火災海上保険株式会社の破綻処理については，2001年に会社更生手続が申し立てられた。そして，日本の裁判所から，日本の会社更生手続を主手続とする米国法上の外国倒産補助手続（the Bankruptcy Code（旧連邦倒産法）304条）による米国内あるいは米国裁判所の人的管轄権が及ぶ当事者による全ての訴訟・仲裁手続の停止仮処分決定を得て，再保険関係の訴訟・仲裁を停止させた上で，日本の更生計画認可後，当該計画の認可決定を米国で承認執行することで計画に記載された以外の訴訟・仲裁等を恒久的に禁止する恒久的差止命令を得た。そして，英国においては，管財人は日本の破産裁判所の許可を得て共同仮清算人の選任の申立てを行い，一種の暫定的な訴訟・仲裁手続の差止を得た。すなわち，米国法旧304条，現行連邦破産法Chapter 15，英国のjoint provisional liquidators制度が現実に利用されたのである。このようにして，事実上，再保険関係の争いは日本の倒産手続を監督する裁判所に集中されることになった。

その際，一部の再保険債権者が，信用状により担保された債権を通常の更生債権として届け出て，異議なく確定してしまったことから，更生担保権として届出をした場合に比して低率の配当しか受けられず，これについて再保険契約上の仲裁合意を無視してなされた更生計画認可は違法であると主張して上記の米国に裁判所における恒久的差止命令申立手続で異議を述べ，筆者は日本における仲裁合意と倒産法の交錯についての専門家証人として米国連邦破産裁判所において意見を述べた。日本においては諸説あるが，少なくとも，債権届出をして債権者側でその内容をそれ以上争わずに，一般の更生債権として確定した債権について，後から本当は更生担保権であったと主張したところで仲裁条項に違反するものではなく，債権の倒産手続上の取り扱いそのものは仲裁で決めるのではなく倒産手続内で決めるのが当然であるから，仲裁を経ていないからと言って日本の裁判所の更生計画認可決定が違法になるわけではないとして，裁判所もこれを認めた。

② 日本航空株式会社

日本航空株式会社は，2010年に会社更生の申立てがなされ，米国の現行連邦破産法

Ⅲ　日本における国際仲裁手続と外国倒産手続の交錯から生じる矛盾解決への発展的なアプローチ

Chapter 15 による保護を米国で求めた。それによって，効果的に(i)米国のいかなる訴訟若しくは仲裁，又は，(ii)連邦破産裁判所の対人管轄権の対象となった個人若しくは団体による訴訟若しくは仲裁に関する申立て・継続を事実上抑止することにより，日本における倒産手続が可能となった。

③　ICC 仲裁事件　No.12993

ICC 仲裁事件 No.12993（2003 年 1 月）は，上記の大成火災海上保険株式会社や日本航空株式会社の事件と対象的に，外国の倒産手続が日本における仲裁手続に影響するかが問題となった事案である。

ICC 仲裁事件 No.12993 は，日本が仲裁地となっているシンガポールの申立人と韓国の相手方間の仲裁事件であったところ，仲裁手続中に，韓国当事者が倒産し，倒産手続が開始した。

仲裁廷は，韓国倒産法は韓国外の訴訟・仲裁には及ばないと判断した。当該事件においては，仲裁廷は外国の倒産法を日本の仲裁手続に適用するべきかどうか決める際に，普及主義よりも属地主義の原則を適用したように思われる。

日本の仲裁法（2004 年以前の旧仲裁法及び 2004 年施行された新仲裁法）は，仲裁機関が外国倒産手続にどのような範囲で，どのような影響を受けるかに関して，なんら明記されていないことからこのような問題が生じたのである。

韓国当事者は RAFI による承認を求めなかったのであるが，もし，韓国の当事者が外国倒産承認援助法による承認を求め，そして，当該判断が日本の仲裁廷の判断に先行したならば，裁判所は，(i)外国倒産承認援助法が仲裁手続を中止することができたかどうか及び (ii)韓国の倒産手続の効果が日本の債務者の資産に及ばないことが明らかであるかどうか[23]という 2 つの問題を考慮したと思われる。

上記 IBA のセッションで本件を紹介した米国スピーカーである Sara Nadeau-Séguin 氏によれば，この問題に関して，これまでに検討することができた ICC 仲裁での仲裁廷の考え方には，7 つの異なるアプローチがある。

1. 並行倒産手続の無視
2. 以下の事項を介して，仲裁手続と倒産手続を調整しようとする試み
    a) 仲裁地法の一部としての倒産法を適用するアプローチ
    b) 倒産手続の属地主義／普及主義としてのアプローチ
    c) 倒産手続が並行していたことを理由に，仲裁判断の承認執行が拒絶される可能性を考慮するアプローチ
    d) 倒産手続開始によって，破産者は仲裁手続を行う能力を失うとするアプローチ
    e) 倒産手続開始によって，仲裁廷は仲裁手続を進める権能を失い，紛争は仲裁に適さないとするアプローチ
    f) 倒産法を準拠法に関わらず適用される国際的な強行法規と考えるアプローチ

(4)　結　論

これらの先例は，日本の裁判所が，日本における倒産事例を秩序立った形で処理する目的で外国における仲裁手続の停止の必要を認

識してきたことを示している。現に、日本当事者が債務者となった倒産手続において、多くの外国における仲裁手続の進行の停止が必要になった例があった。

他方で、日本の裁判所が、外国倒産手続中の債務者を保護するために、日本における仲裁手続を停止できるか否かに関しては、未解決事項であるが、実際にはそのような中止が外国倒産手続の管理のために必要であったのに法律の文言を理由にこれを拒否した、というケースがあったかは疑問である。

もっとも、外国倒産手続が開始された場合、日本の裁判所は、中止命令の対象に関する外国倒産承認援助法や破産法の文言上、国内事件であっても承認援助法案件であっても日本における仲裁手続を中止することに躊躇する可能性は否定できない。

上述のとおり、もし仮に、継続していた仲裁手続が中止し、受継する余地があるとしても、日本や国外の仲裁によって争われていた債権の金額に関して、日本の倒産手続の査定手続において債権者が異議を述べた場合、その債権は仲裁廷によって判断されるのか、裁判所によって判断されるのか、争いがある。しかし、多くの場合、仲裁判断によって債権金額が確定したとしても、更生債権・再生債権とされ、大幅に債権カットされることが予想されるため、仲裁に多額の費用をかけるのであれば、更生手続・再生手続の債権確定手続の中で債権額を確定した方が、早く決着がつき、費用も安く済むと考えられる場合もあろう。むしろ、実際的には、債権届出をしなければ配当を受けられないため、仲裁合意があっても日本語で日本の裁判所による査定手続に対応する必要はあり、それに加えて更に費用と時間をかけて仲裁手続を進めても費用倒れになると判断される場合には、債権者としては、仲裁手続の続行を希望しないということは十分に考えられる。

Ⅳ　まとめ

国際仲裁手続と外国倒産手続の交錯は、日本においても、海外においても、なお定説を見ない論点を多く含む問題である。日本の裁判所が、仲裁手続の中止を命じ得るかという点についても、法文上の疑問点は解消していないが、それにも関わらず、日本の倒産手続のため、外国の仲裁手続を中止する外国裁判所の手続の申立てを債務者が希望し、それが日本の倒産手続の円滑な実施に必要な場合、日本の裁判所はこれを許可してきており、実務上実需のある分野においては、日本の裁判所はプラグマティックに対応をしていると言える。日本における仲裁手続の中止を日本の裁判所が命じることが実際に必要となった事例がこれまでに存在したのかは疑問であり、外国の倒産裁判所が仲裁手続の当事者に対して人的管轄権を有するとして仲裁手続の中止を命じる可能性や、仲裁廷が仲裁判断の執行可能性等を考慮して仲裁手続の停止を決定する可能性など、他の色々な可能性が全て否定された上で、日本の裁判所の中止命令以外に仲裁手続を止める方法がない、という事例が今後実際に起きるか、その場合に日本の裁判所がいかなる判断をするか、については、未知数のところがあると言えよう。

注　釈

1　小梁吉章「仲裁の当事者の破産」広島法科大学院論集第 6 号（2010 年）39 頁参照

2　Elektrim v. Vivendi（the Swiss Federal Supreme Court decision of 31 March 2009（4A 428/2008））

3　Syska v. Vivendi（[2009] EWCA Civ 677 of 12 August 2009）

4　Sara Nadeau-Séguin「When Bankruptcy and Arbitration Meet: A Look at Recent ICC Practice」Dispute Resolution International Vol.5 No.1 2011.5 79 頁

5　EIR4 条（準拠法）

　1 項　当該規則において別段の定めがない限り，倒産手続およびその効果は，手続が開始される締約国（以下，「手続開始国」という）の倒産法による。

　2 項　手続開始国法が，倒産手続開始要件および倒産手続の進行ならびに終了について定める。手続開始国法は特に以下の事項を定める。

　　(e)　債務者が締結した現に有効な契約に対し，倒産手続が及ぼす効果

6　EIR15 条（係属中の訴訟に対する倒産手続の効果）

　債務者が処分権を奪われた資産または権利に関する係属中の訴訟に対して倒産手続が及ぼす効果は，訴訟が係属している締約国の法のみが決定する。

7　Richard Millett QC「Cross-Border Insolvency and Arbitration: A Collision of Spheres?」Dispute Resolution International Vol.5 No.1 2011.5 113 頁

8　Laurent Lévy「Arbitration and Bankruptcy: Bankruptcy of Arbitration?」Dispute Resolution International Vol.5 No.1 2011.5 105 頁

9　本稿は，2010 年 10 月バンクーバーでのセッションにおける論文（手塚裕之「Japan's Evolving Approach Towards the Resolution of Conflicts Arising from the Intersection of International Arbitration and Cross-Border Bankruptcy」Dispute Resolution International Vol.5 No.2 2011.11 213 頁）を再考・加筆したものである。

10　山本和彦「新たな国際倒産法制(1) UNCITRAL モデル法との比較を中心に」NBL No.698 6 頁以下，中島健仁＝児玉実史「普及主義の下での国際倒産の様相 ― 各国手続の調整とプロトコルの活用 ― 」（国際商事仲裁協会平成 13 年 3 月）1 頁以下，山本和彦「UNCITRAL 国際倒産モデル法の解説(5)」NBL No.636 48 頁以下等参照。

11　民事再生法において，再生手続の効力は日本国内の資産のみならず，在外資産にも及ぶことを明確に規定した（民事再生法 38 条 1 項，66 条及び 81 条 1 項）。

12　他方で，民事再生法は，旧破産法及び旧会社更生法と同様の外国倒産処理手続の国内財産に対する効力を制限する規定を置いていた。それは，外国倒産処理手続の効果を日本国において，どのように認めるかについては，日本の国際倒産法制全体で統一して規定すべき事項であり，統一的な手続の規定の導入が期待されたが，時間的制約から間に合わなかったことによる。その後，外国倒産承認援助法を導入することにより，立法的に解決するに至り，当該規定は，他の倒産法制の改正等に合わせて，削除された。

13　UNCITRAL 国際倒産モデル法 28 条において，（外国主手続承認後の［立法国の倒産に関連する法律の特定］による手続の開始）「外国主手続の承認後，［立法国の倒産に関連する法律を特定］による手続は，債務者がこの国に財産を有する場合に限り開始することができる。」と規定される。日本の倒産法制の改正により，UN-

国際仲裁手続と外国倒産手続

　CITRAL 国際倒産モデル法の規定と同様の並列倒産手続の調整メカニズムが導入された。日本法は一定の場合に，並行倒産を許さない立場を採用している。国内倒産手続と外国倒産手続について，その開始・承認の前後に関わらず，国内倒産手続は，原則として，外国倒産手続に優先するが，例外的に，外国倒産手続が主手続である場合には，一定の要件の下に外国倒産手続が優先する場合を認めている。また，国内倒産手続と外国倒産手続のどちらの手続が優先するかに関わらず，両手続が並立することは認めず，一方の手続が進行している場合には，他方の手続が中止するものとされ，手続終了時に続行又は失効の措置が取られるものとされている（山本和彦「新たな国際倒産法制」NBL704 号 63，64 頁）。

14　すなわち，並行倒産手続においては，外国管財人は，外国倒産処理手続に参加している債務者を代理し，日本の倒産処理手続に参加できる。また，日本の再生債務者又は，日本の管財人は，日本の倒産処理手続に参加している債務者を代理して，外国倒産処理手続に参加できる。
　　クロスファイリングシステムについては，民事再生法 210 条，破産法 357 条の 4 及び会社更生法 289 条の 5 によって記載されている。
　　民事再生法 210 条（相互の手続参加）
　1 項　外国管財人は，届出をしていない再生債権者であって，再生債務者についての外国倒産処理手続に参加しているものを代理して，再生債務者の再生手続に参加することができる。ただし，当該外国の法令によりその権限を有する場合に限る。
　2 項　再生債務者等は，届出再生債権者（第 101 条第 3 項の規定により認否書に記載された再生債権を有する者を含む。次項において同じ。）であって，再生債務者についての外国倒産処理手続に参加していないものを代理して，当該外国倒産処理手続に参加することができる。
　3 項　再生債務者等は，前項の規定による参加をした場合には，その代理する届出再生債権者のために，外国倒産処理手続に属する一切の行為をすることができる。ただし，届出の取下げ，和解その他の届出再生債権者の権利を害するおそれがある行為をするには，当該届出再生債権者の授権がなければならない。

15　外国倒産承認援助法 22 条（外国倒産処理手続の承認の決定）
　1 項　裁判所は，第 17 条第 1 項に規定する要件を満たす外国倒産処理手続の承認の申立てがされた場合において，当該外国倒産処理手続につき手続開始の判断がされたときは，前条，第 57 条第 1 項又は第 62 条第 1 項の規定によりこれを棄却する場合を除き，外国倒産処理手続の承認の決定をする。

16　外国倒産処理手続の承認に関する外国倒産承認援助法 22 条 1 項は，外国倒産手続が主手続か従手続かであるかを区別していない。

17　外国倒産承認援助法 51 条（保全管理命令）
　1 項　裁判所は，外国倒産処理手続の承認の申立てがされた場合において，承認援助手続の目的を達成するために特に必要があると認めるときは，利害関係人の申立てにより又は職権で，当該外国倒産処理手続の承認の申立てにつき決定があるまでの間，債務者の日本国内における業務及び財産に関し，保全管理人による管理を命ずる処分をすることができる。

18　UNCITRAL 国際倒産モデル法 20 条（外国主手続の承認の効果）
　1 項　外国主手続である外国手続の承認により，

(a)　債務者の財産，権利，義務又は責任に関係する個別訴訟又は個別手続の開始又は継続は中止される。
　　(b)　債務者の財産に対する執行は中止される。
　　(c)　債務者の財産を移転，担保入れ又は処分する権利は停止する。
19　外国倒産承認援助法 25 条（他の手続の中止命令等）
　1 項　裁判所は，承認援助手続の目的を達成するために必要があると認めるときは，利害関係人の申立てにより又は職権で，外国倒産処理手続の承認の決定と同時に又はその決定後，次に掲げる手続の中止を命ずることができる。
　　1 号　強制執行，仮差押え又は仮処分（以下「強制執行等」という。）の手続で，債務者の財産（日本国内にあるものに限る。以下この項において同じ。）に対して既にされているもの
　　2 号　債務者の財産に関する訴訟手続
　　3 号　債務者の財産に関する事件で行政庁に属しているものの手続
20　破産法 24 条（他の手続の中止命令等）
　1 項　裁判所は，破産手続開始の申立てがあった場合において，必要があると認めるときは，利害関係人の申立てにより又は職権で，破産手続開始の申立てにつき決定があるまでの間，次に掲げる手続の中止を命ずることができる。ただし，第 1 号に掲げる手続についてはその手続の申立人である債権者に不当な損害を及ぼすおそれがない場合に限り，第 5 号に掲げる責任制限手続については責任制限手続開始の決定がされていない場合に限る。
　　1 号　債務者の財産に対して既にされている強制執行，仮差押え，仮処分又は一般の先取特権の実行若しくは留置権（商法（明治 32 年法律第 48 号）又は会社法の規定によるものを除く。）による競売（以下この節において「強制執行等」という。）の手続で，債務者につき破産手続開始の決定がされたとすれば破産債権若しくは財団債権となるべきもの（以下この項及び次条第 8 項において「破産債権等」という。）に基づくもの又は破産債権等を被担保債権とするもの
　　2 号　債務者の財産に対して既にされている企業担保権の実行手続で，破産債権等に基づくもの
　　3 号　債務者の財産関係の訴訟手続
　　4 号　債務者の財産関係の事件で行政庁に係属しているものの手続
21　条解 破産法 850 頁以下に破産法 127 条に関して，「仲裁については問題がある。仲裁法（平成 15 年 8 月 1 日法律第 138 号）には，仲裁手続中に当事者が破産した場合の措置に関する規定はないので，手続が進行すると考えるならば受継の余地はないということになろう（条解会社更生法（中）760 頁参照）。これに対して，破産手続開始時に当該破産債権の存否等に関して仲裁手続が係属するときは，本条を類推し，その続行による確定を図ることを認める見解（伊藤 478 頁）が有力に主張されている。このほか中断を認める明文はないとしても，仲裁手続も破産債権についての紛争解決手段であることを重視し，中断させるのが実質的にみて妥当であると考えられる以上，訴訟手続の中断に関する規定を類推することは不可能ではないとし，破産手続開始時に係属中の仲裁手続は破産によって中断し，破産管財人が仲裁を選択するときに限り受継させることができるとする見解（福永・研究 254 頁）がある。破産手続の開始によって破産者財産の管理処分権は破産管財人に移転しているところ，その財産に関する仲裁手続も中断させ，その後異議者等によって承継させるのが妥当な場

合が多いから，仲裁廷もそのような進行を図るべきであろう（仲裁法 26 条 2 項）。」との記載がある。

22　松下淳一教授は，①破産債権確定手続及び積極財産関係紛争において，債務者の地位に由来する争点のみが問題とされ，仲裁契約の効力が争われた場合と②破産債権確定手続及び積極財産関係紛争において，破産債権者の地位に由来する破産固有の争点が問題とされ，仲裁契約の効力が争われた場合とに分けて検討する。債務者の地位に由来する争点とは，契約の有効性，債権債務の額について等破産宣告前に債務者本人において争い得たものを指し，これに対して，破産債権者の地位に由来する破産固有の争点とは，否認権に限らず，従来の我が国の議論において破産管財人の第三者性として問題とされていた事項も含まれようと指摘している（松下淳一「倒産法制と仲裁（4・完）」JCA ジャーナル 41 巻 7 号 17 頁）。

23　外国倒産承認援助法 21 条（外国倒産処理手続の承認の条件）
　　次の各号のいずれかに該当する場合には，裁判所は，外国倒産処理手続の承認の申立てを棄却しなければならない。
　　2 号　当該外国倒産処理手続において，債務者の日本国内にある財産にその効力が及ばないものとされていることが明らかであるとき。

アメリカ仲裁協会／紛争解決国際センター(AAA/ICDR)における国際仲裁の実務

井上 葵 (いのうえ あおい)
弁護士

アメリカ仲裁協会／紛争解決国際センター（AAA/ICDR）における国際仲裁の実務

I はじめに

アメリカ仲裁協会（The American Arbitration Association，以下「AAA」という）は，1926年にNPOとして設立された，全米最大の訴訟外紛争解決機関である。AAAは，1996年に，その国際部門として紛争解決国際センター（The International Centre for Dispute Resolution，以下「ICDR」という）を設立し，AAAにおける全ての国際仲裁案件の管理をICDRに集中させている。

ICDRにおける国際仲裁の取扱事件数は年々増加しており，申立て件数でみると2008年には703件，2009年には836件，2010年には888件，2011年には994件に達している[1]。また，日本企業との関わりでみても，ICDRは日本企業が最もよく利用する仲裁機関の一つである[2]。

本稿では，ICDRの概要を説明した上で，筆者のICDRにおける研修勤務（2011年4月～6月）に基づく経験も踏まえながら，ICDRの仲裁手続について，他の仲裁機関と比較して特徴的と思われる点を中心に解説を行う。

II ICDRの概要

(1) ICDRの組織

ICDRの案件管理センター（Case Management Center）はニューヨークにある[3]。国際仲裁案件管理の中心となる組織は約25名からなる。案件管理センターのメンバーの出身国は約15カ国にわたっており，そのほとんどが各国の弁護士資格を有しているほか，ニューヨーク州等の米国の弁護士資格を有する者も多い。

案件管理センターの組織は，北中米及び南米を担当するチーム，ヨーロッパ及びアフリカを担当するチーム，アジア（中東を含む）及びオーストラリアを担当するチームの三つに分かれている。各チームはスーパーバイザー（Supervisor）が統括しており，各スーパーバイザーのもとで，3名から4名程度のケースマネージャー（Case Manager）が，各自担当する国際仲裁案件について管理を行っている。

なお，ICDRは，国際商業会議所国際仲裁裁判所（The International Court of Arbitration of the International Chamber of Commerce，以下「ICC」という）等とは異なり，仲裁人の忌避申立て等に対する意思決定に関して別の組織を置いておらず，同一組織内の協議によって判断を行っていることから，その分意思決定が比較的迅速になされている。

(2) AAAとICDRの間の案件の振り分け

当事者から申立てられた仲裁案件について，その仲裁条項において，「AAAの国際仲裁規則」，あるいは「ICDRの国際仲裁規則」を選択する旨が規定されていれば，ICDRが案件管理することになる[4]。

また，当事者が仲裁条項において仲裁規則を具体的に選択していない場合でも，当事者から申立てられた仲裁案件が「国際的」（international）であって，AAA又はICDRによる仲裁が規定されていれば，ICDRが案件管理を行うことになる。ICDRにおいて，仲裁案件が「国際的」（international）であるかどうかの判断を行う場合は，基本的にUNCITRALモデル仲裁法1条(3)項の定義に従って

いる。具体的には，①仲裁合意の当事者の国籍が異なるかどうか（親会社など，仲裁合意の当事者を支配している主体の国籍が異なる場合を含む），あるいは②紛争の性質（例えば，両当事者がアメリカ法人であっても，国際的なプロジェクトで契約上の義務履行地がアメリカ以外である場合など）が考慮される[5]。

したがって，当事者から申立てられた仲裁案件が「国際的」（international）であるとされた場合には，当事者の仲裁条項において，管理する仲裁機関についてAAAと明記していたとしても，AAAではなくICDRが当該仲裁案件を管理することになる。

(3) ICDR仲裁案件で適用される規則

ICDRが定める国際紛争解決手続（International Dispute Resolution Procedures）[6]において，国際仲裁規則（International Arbitration Rules，以下「ICDR仲裁規則」という）が規定されている。AAAは，1991年にAAA International Arbitration Rulesと題する規則を作成したが，これは，1976年版UNCITRAL仲裁規則を相当程度モデルにしていた。その後，ICDRの設立とともに，上記1991年版の規則を改正した1996年版国際仲裁規則（1997年4月1日発効）が作成されており，これが現在のICDR仲裁規則のベースとなっている。このように，ICDR仲裁規則は，当初はUNCITRAL仲裁規則をモデルにして作成されていることから，手続に関して同規則に類似する面が多い[7]。その後，ICDRは2003年に国際仲裁規則と国際調停規則を統合して，国際紛争解決手続（International Dispute Resolution Procedures）を定めている。

ICDRでは，ICDR仲裁規則が適用される案件のほか，AAAの国内仲裁規則である商事仲裁規則（Commercial Arbitration Rules），建設業仲裁規則（Construction Industry Arbitration Rules），雇用仲裁規則（Employment Arbitration Rules）などが適用される案件も，それが国際仲裁案件である限り取り扱っており，さらにUNCITRAL仲裁規則が適用される案件も取り扱っている[8]。

なお，AAAの商事仲裁規則（Commercial Arbitration Rules）などのAAAの国内仲裁規則が適用される案件であっても，それが国際仲裁案件であれば，当事者が期限内に異議を申し立てない限り国際商事仲裁補充手続（International Commercial Arbitration Supplementary Procedures）[9]が適用されることに注意が必要である。例えば，AAAの商事仲裁規則（Commercial Arbitration Rules）第42条(b)では，仲裁人選任前に当事者が書面で要求する場合又は仲裁人が理由を付すことが適当と決定する場合を除き，仲裁判断に理由を付す必要はないと規定されている。しかしながら，国際商事仲裁補充手続が適用される場合には，仲裁廷は，当事者が理由を付す必要がないと合意した場合を除き，仲裁判断に理由を付さなければならない（国際商事仲裁補充手続第6項）。

(4) Administrative conference

ICDR仲裁において，当事者から仲裁の申立てがなされると，ICDRのケースマネージャーが主催するAdministrative conferenceが，通常電話会議の形式で実施される[10]。ICDRの案件管理の実務上，仲裁申立てがなされてから通常10営業日以内にこのAdministrative conferenceを実施することとされて

いる。Administrative conference において，ICDR のケースマネージャーは，仲裁の各当事者から，仲裁人の人数，仲裁人の選任方法，仲裁人候補者に求める資格，仲裁のスケジュール，調停手続の利用の意向の有無等について聴取する。ICDR は，仲裁手続を円滑に進める上で，Administrative conference を通じて，できるだけ早い段階で仲裁の各当事者とコミュニケーションを経ることが重要であると捉えている。

Ⅲ　緊急保護措置・緊急仲裁人

(1)　緊急保護措置とは何か

ICDR の仲裁手続の特徴として，ICDR 仲裁規則の中に緊急保護措置（Emergency Measures of Protection）に関する規定（ICDR 仲裁規則 37 条）があることが挙げられる。

国際商事仲裁において，仲裁廷は一般に暫定措置又は保全措置を命じる権能を有している（日本仲裁法 24 条，UNCITRAL モデル仲裁法 17 条参照）。しかし，仲裁実務上，仲裁申立てから仲裁人の選任が完了して仲裁廷が成立するまで時間がかかることもあり（例えば，選任された仲裁人に対して一方当事者から忌避が申し立てられた場合は，さらに手続が遅延する），暫定措置又は保全措置を申立てるのに仲裁廷が成立するのを待っていては遅すぎる場合があるという問題があった。

そこで，ICDR は，仲裁人選任の手続開始前の段階において暫定措置又は保全措置の申立てを行うことができるという緊急保護措置の手続を，2006 年 5 月 1 日の ICDR 仲裁規則改正時に導入した[11]。ICDR の緊急保護措置は，ICDR 仲裁規則本体に規定されており，別途緊急保護措置に関する当事者間の合意を必要としない（実際上紛争が生じてから緊急保護措置に関する合意を別途行うことは困難であり稀である）ことから，より活用しやすいものとなっている。

ICDR が 2006 年に緊急保護措置の手続を導入して以降，他の主要な仲裁機関が，相次いで同様の制度を導入している。例えば，ICC の 2012 年版仲裁規則，ストックホルム商業会議所仲裁裁判所（Arbitration Institute of the Stockholm Chamber of Commerce, SCC）の 2010 年版仲裁規則，シンガポール国際仲裁センター（Singapore International Arbitration Centre, SIAC）の 2010 年版仲裁規則は，仲裁廷が成立する前に，暫定措置又は保全措置を命じる権能を有する緊急仲裁人（emergency arbitrator）を選任するための手続を導入している。

(2)　ICDR 仲裁規則の緊急保護措置の手続

ICDR 仲裁規則における緊急保護措置の手続は迅速に進められる。ICDR は，当事者からの緊急保護措置の申立てを受理してから 1 営業日以内に，専用の緊急仲裁人候補者名簿から緊急仲裁人を選任する（ICDR 仲裁規則 37 条 3 項）。この緊急仲裁人候補者名簿は現時点で公開されていないが，非常に熟練した仲裁実務家が名を連ねている。ICDR から選任された緊急仲裁人は，選任されてから 2 営業日以内に，緊急保護措置の申立てについて審理するスケジュールを作成しなければならない（ICDR 仲裁規則 37 条 4 項）。この審理スケジュールにおいては，各当事者に対して書面提出や審問（電話会議の方式によるヒアリングが行なわれることが多い）の機会が与

えられるよう定められる。

上記の審理を経て，緊急仲裁人は，命令（order）や中間的仲裁判断（interim award）の形式で，暫定措置又は保全措置を命じることができる（ICDR 仲裁規則 37 条 5 項）。その後，仲裁の本案の審理において仲裁人が選任されて仲裁廷が成立して以降は，緊急仲裁人は権限を有さず，仲裁廷は緊急仲裁人が命じた緊急保護措置について再検討・修正又は取消しをすることができる（ICDR 仲裁規則 37 条 6 項）。

ICDR が 2006 年に緊急保護措置の手続が導入してから，20 件の緊急保護措置の申立てがあり[12]，緊急保護措置の手続が終了するまでの平均審理期間（申立てから仲裁判断まで）は約 15 営業日であったとされている[13]。このように迅速に進行する手続であることから，特に緊急保護措置を申立てられた当事者には負担となる可能性があるが，ICC を含めて主要な仲裁機関で同様の制度が続々と導入されている状況からすれば，ひとたび緊急保護措置の申立てがなされれば即座の対応が求められることを予め想定しておくことが必要となる。

なお，ICDR の緊急保護措置は，申立てがなされた場合には相手方に通知がなされて手続に参加させることが前提になっている。したがって，相手方の財産隠匿が予想されるケースなど，相手方に対して申立ての通知がなされること自体に不都合がある場合には，相手方への通知を要しない国家裁判所の手続など，他の手段の利用を検討すべきことになる[14]。

Ⅳ　ICDR における仲裁人の選任

(1) ICDR の仲裁人候補者名簿（Panel）

ICDR の有する仲裁人候補者の名簿（Panel）には，現時点で約 650 人が登載されており，その約 3 分の 2 はアメリカ以外に所在する法律実務家である。筆者が ICDR で研修勤務した 2011 年の時点で，ICDR の仲裁人候補者の名簿に登載された日本人の仲裁人候補者は 10 人に満たない数であった。日本企業の AAA/ICDR の利用実績に鑑みても，これは十分な数とはいえず，さらに多くの日本人が AAA/ICDR の仲裁人候補者名簿に登載されることが望ましいと考える。

また，ICDR の仲裁人候補者名簿に加えて，AAA は約 7400 人の仲裁人候補者名簿を有している。国際仲裁案件の場合，ICDR の仲裁人候補者名簿から仲裁人候補者が選択されるのが通常であるが，経歴や専門性等を考慮して，AAA の仲裁人候補者名簿からも仲裁人候補者が追加されることはありうる。

(2) 仲裁人の人数

当事者が仲裁人の人数について合意しない場合は，ICDR が案件の大きさ，複雑性その他の事情を考慮して 3 名による仲裁が適切であると決定した場合を除き，仲裁人の人数は 1 名となる（ICDR 仲裁規則 5 条）。実務上，ICDR は通常請求金額が 100 万米ドル以上であれば 3 名の仲裁人が望ましいと判断している[15]。

(3) 仲裁人の選任方法── Strike-and-Rank List Method

ICDR は，仲裁人の人数にかかわらず，当

事者が仲裁人の選任について合意することを推奨している。仲裁開始の日から45日以内に，仲裁人の選任手続又は指名する仲裁人について合意ができない場合は，当事者の求めにより，ICDR が全ての仲裁人を選任し，主席仲裁人を指定する（ICDR 仲裁規則6条3項）[16]。

以上が ICDR 仲裁規則に記載されている仲裁人の選任手続であるが，ICDR は，実務上仲裁人の選任手続として，以下述べる，Strike-and-Rank List Method と呼ばれる方式を採用している[17]。

仲裁人の選任手続について当事者間に合意がない場合，ICDR は通常，当事者に仲裁人の候補者リストをそれぞれの候補者の履歴書とともに提供する。当事者は，提示された候補者リストから，選任を希望しない仲裁人候補者を除外することができ，残った仲裁人候補者に自らの希望に応じて順位を付けて ICDR に返送する。ICDR は，当事者から除外されていない仲裁人候補者の中から，各当事者から付された順位に従って仲裁人を選任する。1名の仲裁人を選任する場合又は主席仲裁人を選任する場合に，ICDR から提供されるリストに載せられる仲裁人候補者は通常10名であり，3名の仲裁人を選任する場合は通常15名である。ICDR は，仲裁人候補者リストを作成する際に，予め各当事者からどのような仲裁人を希望するか（例えば，弁護士か引退した裁判官か，知識経験，専門分野，国籍など）について，Administrative Conference の際に聴取する。ICDR の仲裁を利用する当事者としては，どのような仲裁人を希望するか，Administrative Conference の際に，明確に意見表明をして議論することが非常に重要である[18]。ICDR が当初提供した仲裁人候補者リストに基づいて仲裁人の選任が完了しない場合は，通常 ICDR は2つ目のリストを提供する。このような手続を経て，それでも仲裁人の選任が完了しない場合は，ICDR が仲裁人を選任する。

仲裁人の国籍については ICDR 仲裁規則には特に制限がないが，上記のとおり ICDR が仲裁人候補者リストを作成・提示する際に，事前に当事者の意見を聴取して反映させている[19]。

ICDR が採用する上記のリスト方式の利点としては，当事者の意向・希望をできるだけ反映させつつ，当事者選任仲裁人に関する諸問題（例えば，不偏性・独立性等）を回避することができるという点が挙げられる[20]。他方で，仲裁の当事者が ICDR から提供されたリストから仲裁人候補者を除外しすぎるなど非協力的な態度をとる場合には，上手く仲裁人の選任ができずに手続が遅延する場合がある。例えば，仲裁の当事者が，仲裁人候補者リストを ICDR に返送する際に，自国籍の仲裁人候補者ばかり残すような方針をとった場合にそのような弊害が生じやすい[21]。

(4) 仲裁人の忌避申立て

仲裁人の忌避申立ては ICDR に対して行う（ICDR 仲裁規則8条）。仲裁人の忌避申立てがなされると，ICDR はその旨を他方当事者に通知する。仲裁人の忌避申立てに対して他方当事者が同意した場合は，仲裁人は辞任することになる（ICDR 仲裁規則8条3項）。また，仲裁人の忌避申立てがなされた場合，仲裁人自ら辞任することもできる（ICDR 仲裁規則8条3項）。他方当事者が仲裁人の忌

避申立てに同意せず仲裁人が自ら辞任しなかった場合は，ICDR が当該仲裁人を忌避するかどうかを決定する（ICDR 仲裁規則 9 条）。

前記のとおり，ICDR は，仲裁人の忌避申立てに対して，ICDR の組織内部の協議によって意思決定を行っていることから，判断は比較的迅速になされる。もっとも，仲裁人の忌避申立てがなされれば，ICDR は，各当事者から丁寧に意見を聴取しながら手続を進めることから，結果として相当程度手続に時間を要することもある。

V 情報交換に関する仲裁人のためのガイドライン（ICDR Guidelines for Arbitrators concerning Exchanges of Information）

(1) ICDR における文書の提出に関する定め

ICDR 仲裁規則においては，仲裁の審理手続は，仲裁廷の裁量にほぼ委ねられている（ICDR 仲裁規則 16 条）。ICDR 仲裁規則では，文書の提出（Document Production）に関して，仲裁廷は，当事者に対して，必要（necessary）又は適切（appropriate）とみなされる文書その他の証拠を提供するよう命じることができるとされている（ICDR 仲裁規則 19 条 3 項）。

国際仲裁の実務においては，文書の提出の範囲が問題になることが多い。これについて，ICDR は，情報交換に関する仲裁人のためのガイドライン（ICDR Guidelines for Arbitrators concerning Exchanges of Information，以下「ICDR 情報交換ガイドライン」という）を定めている。ICDR 情報交換ガイドラインは，当事者が書面で別段の合意をしない限り，2008 年 5 月 31 日以降に開始された ICDR が管理する国際仲裁案件において効力を有するものとされている（ICDR 情報交換ガイドラインの Introduction 参照）。

(2) ICDR 情報交換ガイドラインの概要

ICDR 情報交換ガイドラインは，当事者がヒアリングに先立って，自ら依拠しようとする全ての文書を開示するよう定めている（ICDR 情報交換ガイドライン 2 項）。また，ICDR 情報交換ガイドラインは，相手方当事者が保持する文書の取り扱いについて，仲裁廷は，当事者からの申立てがある場合には，同ガイドラインが定める要件に従って，相手方当事者に対して保持する文書を提供するよう求めることができるとしている（ICDR 情報交換ガイドライン 3 項）。提供の要求の対象となる文書は，提供を求める当事者が他の手段では入手ができず，存在すると合理的に考えられ，かつ事件の結果に対して関連性（relevant）及び重要性を有する（material）必要がある（ICDR 情報交換ガイドライン 3 項）。また，ICDR 情報交換ガイドラインは，電子的方法で保存されている文書の提供に関する取り扱いについても規定しており，文書の提供の際には最も便利（convenient）かつ経済的（economical）な方式で提供されなければならず，文書の提供の要求は焦点を絞った（narrowly focused）ものでなければならないとしている（ICDR 情報交換ガイドライン 4 項）。さらに，米国裁判手続で実施・利用されている証言録取（depositions），質問書（interrogatories）といった手続は，一般的に国際仲裁の証拠収集手続としては適当でない旨が規定されている（ICDR 情報交換ガイドラ

イン6項b)。

　上記のとおり，ICDR情報交換ガイドラインでは，文書提出の要求を行うためには，事件の結果に対する関連性だけでなく重要性も有していることが必要であることから，米国民事訴訟のディスカバリー手続とは異なり，文書の開示の範囲が過度に広がりすぎないよう配慮されている。現在，ICDRが管理する国際仲裁案件においては，当事者が別途合意しない限りICDR情報交換ガイドラインが適用されることから，ICDRがアメリカに本部を有する仲裁機関であるからといって，文書提出・文書開示の範囲が米国民事訴訟手続のように拡大するということにはならない。

VI　仲裁判断

(1)　ICDRにおける仲裁判断

　仲裁判断は，仲裁人が複数の場合は多数決による（ICDR仲裁規則26条1項）。仲裁廷は，仲裁判断を迅速に下さなければならない（ICDR仲裁規則27条1項）。もっとも，ICDR仲裁規則上，一定期間以内に仲裁判断を下さなければならないという具体的な定めがあるわけではない。また仲裁判断には，当事者が理由を付す必要がないと合意した場合を除き，理由を付す必要がある（ICDR仲裁規則27条2項）。

　ICDRは，仲裁廷が作成した仲裁判断の草案について，誤記・計算ミスのほか，仲裁手続において当事者が行った全請求について言及しているかについて確認を行うが，ICCで行われているような形での仲裁判断草案の審査（scrutiny）は行わない。案件の大きさ等にもよっても左右されるが，ICDRが仲裁廷から仲裁判断草案を受領してから1日から4日程度でICDRによる確認は終了する[22]。

(2)　懲罰的損害賠償に関する規定

　米国訴訟で認められることがある懲罰的損害賠償（punitive damages）について，ICDR仲裁規則上は，当事者が別段の合意をしない限り，そのような損害賠償を求める権利は放棄したものとされる（但し，法律上賠償額の増額が要求される場合を除く。ICDR仲裁規則28条5項）。これは，（特に米国以外の当事者による）懲罰的損害賠償（punitive damages）を認める仲裁判断がなされるのではないかという懸念を考慮して盛り込まれた規定である[23]。

(3)　弁護士費用に関する規定

　仲裁廷は，仲裁判断において仲裁の費用を決定し，諸事情を考慮して当事者に割り振ることができるところ，仲裁人の報酬・費用，ICDRの管理費用などのほか，勝利した当事者における合理的な弁護士費用を仲裁の費用に含めることができる（ICDR仲裁規則31条）。

　米国訴訟手続においては，一般に弁護士費用は当事者が各自負担するという慣習（いわゆる「American Rule」）があるものの，ICDR仲裁規則上はそのようにはなっておらず[24]，実際上もICDRにおける国際仲裁案件において，敗れた当事者に勝利した当事者の弁護士費用を負担させている例は多い。

VII　仲裁と調停の複合的利用

(1)　調停の積極的利用

　ICDRの仲裁手続のさらなる特徴として，

紛争解決条項において調停を利用する旨が言及されているか否かにかかわらず，仲裁手続の当事者に対して，調停による解決を試みることを奨励する実務が確立していることが挙げられる。当然ながら，ICDRの勧めに従って調停を利用するかどうかは当事者の自由である。ICDRの国際調停取扱事件数として，2008年は94件であったと公表されている[25]。

　例えば，ICDRが現在公表しているNotice of Arbitrationの書式の冒頭には，相手方当事者が調停を希望しているかどうかについてICDRがコンタクトすることを希望するか確認する項目がある。また，前記のとおり，Administrative Conferenceでも，ICDRのケースマネージャーは各当事者から調停手続の利用の意向の有無を必ず聴取することになっている。このように，ICDRにおいては，仲裁を申し立てた当事者に対して調停による解決を奨励する方針が顕著である。なお，例えばICCにおいては，調停機関としてのサービスと仲裁機関としてのサービスを区別しており，仲裁の当事者が調停手続を利用することに合意しない限り，積極的に調停による解決を試みることを奨励することまではしないのが通常である。仲裁だけでなく調停の利用も視野に入れて考えるのであれば，常設仲裁機関を選択する時点で，このような相違点も考慮すべきである。

(2) 仲裁と調停の同時進行

　ICDRは，仲裁と調停を同時進行させることを想定した仲裁モデル条項も提示している。仲裁と調停を複合的に利用する場合，取引契約書等の紛争解決条項に調停合意条項を盛り込むことによって，将来紛争が発生した場合に即座に仲裁に持ち込むのではなく，まずは調停による紛争解決を行うことを希望していることを明示できる。他方で，紛争の初期段階に調停手続を行うと，当該事件についての理解が不十分なまま和解合意のための交渉を行うことになるというリスクがあると考える場合があり，あるいは調停手続のために仲裁手続の開始が遅れることを回避したい場合など，仲裁を申し立てる条件として，調停手続を経ていることを条件とするのは好ましくないと考える場合もある。そこで，ICDRは，仲裁手続を開始した後で，ICDRの国際調停規則（International Mediation Rules）に基づき調停を試みることを義務付けるためのモデル条項を提示している[26]。

Ⅷ　おわりに

　冒頭で述べたとおり，AAA/ICDRは日本企業の利用も多い，有力な仲裁機関の一つであることから，その仲裁手続の特徴について把握することは有益である。また，AAA/ICDRの緊急保護措置・緊急仲裁人の手続は，ICCをはじめ他の有力な仲裁機関においても同様の手続が相次いで導入されている状況にあり，AAA/ICDRにおいて既に利用された事例が相当程度蓄積していることから，仲裁を利用する立場から緊急保護措置・緊急仲裁人の手続をどのように活用していくか，実務上大いに参考にすべき点がある。海外取引・投資の拡大を続ける日本企業にとって，国際仲裁の重要性がますます高まっている中，本稿がAAA/ICDRの国際仲裁実務についての理解の一助となれば幸いである。

アメリカ仲裁協会 / 紛争解決国際センター（AAA/ICDR）における国際仲裁の実務

注　釈

1　Luis Manuel Martinez, *A Guide to ICDR Case Management,* in ICDR Awards and Commentaries 3, 4 (Grant Hanessian ed., 2012).

2　例えば、法律事務所（White & Case）による調査結果として、2005 年から 2007 の 3 年間に 8 つの主要な仲裁機関に申立てられ、日本企業が当事者となった国際仲裁の事件は、合計 308 件であったところ、そのうち 40% 以上は AAA/ICDR 仲裁であったとされている。中村達也『国際取引紛争 仲裁・調停・交渉』97 頁（三省堂、2012）、White & Case, Evolving Japanese Attitudes to International Arbitration and Litigation for Dispute Resolution (July 9, 2008)。

3　ICDR は、現在ニューヨークのほか、マナマ（バーレーン）、メキシコシティー及びシンガポールにオフィスを置いている。但し、現時点で、案件管理を行なっているのはニューヨークオフィスのみである。

4　Martin F Gusy et al., A Guide to the ICDR International Arbitration Rules 19 (2011).

5　前掲 A Guide to the ICDR International Arbitration Rules 21 頁

6　AAA/ICDR のウェブサイトに掲載されている。http://www.adr.org/aaa/faces/aoe/icdr/i_search/i_rule/i_rule_detail?doc=ADRSTG_002008&_afrLoop=507649531142967&_afrWindowMode=0&_afrWindowId=nxmybmv3z_1#%40%3F_afrWindowId%3Dnxmybmv3z_1%26_afrLoop%3D507649531142967%26doc%3DADRSTG_002008%26_afrWindowMode%3D0%26_adf.ctrl-state%3Dnxmybmv3z_57

7　前掲 A Guide to the ICDR International Arbitration Rules 15 頁、Michael McIlwrath & John Savage, International Arbitration and Mediation: A Practical Guide 45 (2010).

8　前掲 A Guide to ICDR Case Management 29 頁

9　AAA/ICDR のウェブサイトに掲載されている。http://www.adr.org/aaa/faces/aoe/icdr/i_search/i_rule/i_rule_detail?doc=ADRSTG_007215&_afrLoop=513679391778601&_afrWindowMode=0&_afrWindowId=b92oe29mk_84#%40%3F_afrWindowId%3Db92oe29mk_84%26_afrLoop%3D513679391778601%26doc%3DADRSTG_007215%26_afrWindowMode%3D0%26_adf.ctrl-state%3Db92oe29mk_140

10　前掲 A Guide to the ICDR International Arbitration Rules 26 頁

11　前掲 A Guide to ICDR Case Management 24 頁

12　前掲 A Guide to ICDR Case Management 25 頁

13　前掲 A Guide to the ICDR International Arbitration Rules 17 頁

14　前掲 A Guide to the ICDR International Arbitration Rules 306 頁

15　James H. Carter, *The Selection of Arbitrators*, in International Commercial Arbitration in New York 113, 115 (James H. Carter & John Fellas eds., 2010).

16　実務上は、当事者は ICDR 仲裁規則 6 条 3 項が定める 45 日の期間が経過する前に、リスト方式（Strike-and-Rank List Method）を選択することが多い。前掲 A Guide to the ICDR International Arbitration Rules 77 頁

17　前掲 International Commercial Arbitration in New York 115 頁

18　前掲 A Guide to the ICDR International Arbitration Rules 78 頁

19　前掲 International Commercial Arbitration in New York 116 頁

注　釈

20　前掲 A Guide to ICDR Case Management 17 頁

21　ICDR は，リスト方式ではなく当事者による仲裁人選任を希望する場合の，モデル仲裁条項も公開している。AAA/ICDR のウェブサイトにおける "Guide to Drafting International Dispute Resolution Clauses" を参照。http://www.adr.org/aaa/faces/aoe/icdr/icdrclausedrafting?_afrLoop=506413190657750&_afrWindowMode=0&_afrWindowId=s9jmibxzi_1#%40%3F_afrWindowId%3Ds9jmibxzi_1%26_afrLoop%3D506413190657750%26_afrWindowMode%3D0%26_adf.ctrl-state%3Ds9jmibxzi_77

22　前掲 A Guide to the ICDR International Arbitration Rules 29 頁

23　Paul D. Friedland, *Drafting Considerations for Clauses Designating New York as the Place of Arbitration*, in INTERNATIONAL COMMERCIAL ARBITRATION IN NEW YORK 71, 80 (James H. Carter & John Fellas eds., 2010).

24　前掲 A Guide to the ICDR International Arbitration Rules 270 頁

25　Luis M. Martinez & Thomas Ventrone, *The International Centre for Dispute Resolution Mediation Practice*, in CONTEMPORARY ISSUES IN INTERNATIONAL ARBITRATION AND MEDIATION: THE FORDHAM PAPERS 2010 484, 495 (Arthur W. Rovine ed., 2011).

26　Steven K. Andersen, *ICDR Offers Concurrent Mediation/Arbitration Clause,* in AMERICAN ARBITRATION ASSOCIATION HANDBOOK OF INTERNATIONAL ARBITRATION & ADR, 325-332 (2d ed., 2010). また，前掲 Guide to Drafting International Dispute Resolution Clauses 参照。

福祉的機能再考

入江秀晃（いりえ　ひであき）
九州大学大学院法学研究院准教授

I　はじめに

　調停の機能には，法的側面と福祉的機能があるとされる。この議論は，わが国における家事調停の機能をめぐって古くよりなされてきたし，現在においても基本的に有効と考えられているようである。私自身も賛成している。後述するように，福祉的機能は少なくとも家事調停に関しては条文上の活動の根拠もあり活動実態を備えたものであるし，また，私は家事に限らず調停手続に関連してその社会的ニーズが膨大に存すると考えている。にもかかわらず，なぜ形骸化ないし後退をたどるのか，そしてどのように再生を図るべきかについて検討したい。そこで，第一に，峻別論[1]と呼ばれる初期の家裁で行われた議論[2]を追うことで経緯をたどる。第二に，ケースワーク[3]の理論枠組みを前提とする当事者像がわが国でどのような抵抗を受けるのかについて考察する。そのうえで，私の研究する現代調停としての対話型調停モデル[4]との関係を踏まえて，今後の調停手続に関連する福祉的機能の位置づけを考える。

II　福祉的機能とは何か

(1)　調停と福祉的機能

　さて，調停の福祉的機能とは，具体的にはどのような機能を指す言葉なのであろうか。福祉的機能は人間関係調整機能とも呼ばれるが，調停期日内における当事者の感情調整だけをいうものではない。経験のある実務家の中にも，「言い換え」などの技術を用いて，ガス抜きさせれば合意に導きやすいといった，いわば洗練された「まあまあ調停」の実践という程度の理解しか持っていない方もいるように見受けられる。あるいは，福祉的機能に関わる議論は，同席で透明な議論をすべき，別席で本音を話しやすくすべし，といっただけの話だけではない。福祉的機能について説明は様々になされているが，私は，紛争解決を権利義務の確定という側面だけにこだわらず，当事者固有の事情に注目し，当該当事者にとっての将来を建設的な意味で支援する活動の総体を福祉的機能と呼びたい。

　家事調停をめぐる言説において，福祉的機能はケースワークという言葉とともに語られてきた。社会福祉分野の鍵概念ともいえるケースワークなる用語を持って，わが国の家事調停に，伝統的な司法にはない機能を実現しようとしたという経緯がある。

(2)　福祉的機能が発揮される場面

　家事調停における典型的な例として，財産分与や慰謝料のような金銭に関する処分を決める法的側面と共に，新たに始まる母子の生活を営んでいくために必要な生活支援的調整がある。場合によっては母子寮のような福祉施設を案内することが，当該当事者にとっては前夫からの金品を受けとる以上に重要である。ここで母子寮についての情報を提供し，必要な手続の方向性を案内することが，福祉的機能の具体的な例と言える。近年の話題になる別の例としては，面会交流に関して，期日内の試行的な実施や，期日後に第三者が関与する試みがなされている[5]。実務家であればほとんど皆承知しているように，離婚・家出・不和といった夫婦間の問題は，しばしば貧困や身体的精神的疾病の問題を伴って現れる。つまり，ケースワークの世界で多問題家

II 福祉的機能とは何か

族（小松源助 1993: 20 頁以下）として認識されてきた問題は，家事調停の現場で頻繁に見られるのである。

ところで，このような機能は，家事調停に限って必要とされるわけではない。私が見聞した例（入江秀晃 2013: 216 頁以下）では，借家明け渡しに際して，借家人への生活保護受給に関する手続案内が，賃料不払いの紛争解決そのものにとって最も意味のある活動であったというものがあった。あるいは，ある不法行為を起こした加害者側が，ひきこもりの青年であり，ひきこもり者への支援団体の活動に参加するという方向付けが，加害者側だけでなく被害者側にとっても意味のあるという損害賠償請求事件もあった。借金問題もその背景には，ギャンブル依存[6]やアルコール依存などの問題が背後にあることは少なくない。高齢者，うつ病等心理・精神のトラブルを抱えた当事者，自死防止など，法律家がすでに関与している民事の様々な紛争は，その背後に権利義務の確定だけでは解決できない多様な問題群と密接な関係を持っている場合が多いのである。

このように考えると，福祉的機能の具備は調停機関としては，家裁に限らず，地裁・簡裁であれ，行政型・民間型 ADR 機関であれ本来不可欠であるように思える。また，法テラス[7]や弁護士会公設事務所のような法アクセスの改善のための機関にもやはり不可欠な機能と言えるであろう。

特定調停の激減という状況下で，民事調停をどのように再生するかという問いにおいても，こうした視点は重要であると考えられる。また，比較的成功している手続と見られている労働審判に関しても，労働者当事者にとっての危機的な場面への介入，人生の節目の形成という側面で見直せば，不足している機能が見えてくるようにも思える。たとえば雇用終了の場合の労働者再就職支援等の観点で機能的な見直しも有効であろう。さらに，雇用終了を伴わない労働事件，職場でのいじめへの対応，逆に職場環境改善等について企業側に必要な支援活動についても見えてくるものがあるように思われる。

(3) 現行の家事調停における福祉的機能の位置づけ

家事調停においては，福祉的機能は条文上の根拠がある。つまり，旧家事審判規則 7 条の 5，家事事件手続法 59 条 3 項に家庭裁判所が家庭裁判所調査官に社会福祉機関との連絡その他の措置をとらせることができると規定されている。

実務的にも，福祉機関との連携は実施されている（馬杉葉子 1989）。また，近年においても，児童虐待という社会的事象を受けて，児童相談所との連携強化を図るという取り組みも行われている（堀尾夕起子 2002）。

我妻栄は，この件に関して，座談会で「法律の規定もあるし，必要は大いに唱えられていることですが，実際にうまくいきますか。他の社会福祉機関との連絡とか地域社会との協力体制というものがうまくいきますか。日本では，役所同士の連絡がよくないというのが一般通念ですが……」（我妻栄他 1964: 21-22 頁）と質問をしている。

このような状況下で，家庭裁判所が，役所のタテ割りを超えて活動する困難という状況下で，実績を積み上げてきたということへの評価はなされてよいように思えるし，また，

他の調停機関（司法型，行政型，民間型を問わず）に必要な機能であることについては議論や研究がなされるべきであるように思える。

他方，家事手続案内（旧家事相談）については，古くから立法化の要請があったが，現在なお制度化されない事実上の活動として継続されている事実も押さえておきたい[8]。

III 峻別論をめぐって

家事調停における福祉的機能に関する古典的批判として，磯野富士子・磯野誠一による峻別論がある。家事調停において，法的機能と福祉的機能が渾然と融合していることが，そのどちらの機能をもダメにしていると批判した。

峻別論は，まず，戦前・戦中の調停制度という過去と対決したのかという疑問を提起した。つまり，戦時体制の一翼を担った人事調停法の継続・拡張としての家事調停制度が持つ負の部分との対決が乏しい点を批判したのである。確かに，人事調停法は戦時体制なりに「駆込み寺」[9]としての機能を果たしたであろうし，男女ペアの調停委員制度に象徴されるような「リベラルさ」[10]を持っていたであろう。しかし，他方において，個人の尊厳を前提とした近代的な制度として完備・統合されていたかといえばやはり疑問である。むしろ，前近代的に個人の権利が切り捨てられる場に過ぎない部分も多く残っており，それが戦後もひきつがれたのではないかという疑問がある。

さらに言えば，戦後にはやはり家族法改正という政治的にも鋭い対立があった事項について，保守・リベラル双方から「家事調停でよろしくやってもらいたい」という同床異夢的な期待を背負っての戦後の家事調停のスタートがあった[11]。そうした状況で育ちつつあった家事調停制度に対しての，足下を見直す意味での鋭い批判が峻別論の出発点であった。

磯野富士子は述べる。

……法の適用と人間関係調整との融合が，原理的に異なったものを「混然一体」となして怪しまない非論理性や，個人の権利を守るための法の機能に関する無感覚や，人間及び人間関係に対する客観的アプローチの不足，などという伝統と関連した現象だとしたら，これを，「日本の特殊性」として安心していてよいのであろうか。もしこれを肯定するなら，「民主主義は日本の国民性に合わない」という論に対しても反対の根拠を失うと思われる。（磯野富士子 1958: 13頁）

ここで，私は，磯野富士子の法機能だけではなくケースワークそのものもダメにしているという問題提起に注目する。私が見るところ，昨今こうした問題を原理的に取り上げた議論そのものがあまり見当たらないし，あるとしても法的側面がダメになっていないかという方向に限られているように思えるからである。その結果，そもそも調停機関の機能として福祉的側面が存在し，その点を整備・発展を図るべきであるという考え方そのものが欠落しつつあるように見えるのである。

峻別論は，法の機能と福祉的機能（人間関係調整機能）の手続と担当者を分けるべきである（磯野富士子 1958: 18頁）とした。親身になってゆっくり聞けば事実はほとんど明らかになり，そこで明らかにされたことは，裁

定にも人間関係調整にも有効であるとするパターナリスティックな発想の実務を批判したのである。

峻別論が家庭裁判所実務に与えたインパクトは小さくなかったようである。たとえば，島津一郎は，「調停技術の向上に寄与したことは間違いない」（島津一郎 1971: 49 頁）としている。ただし，峻別論が提起した問題が，その意図通りに受けとられ，発展を見たようには思えない[12]。両磯野がイギリスの事情を紹介したのは，福祉的機能への正面からの取り組みを願ってのものであったはずだ。しかし，現場では，現実的な問題提起ではないという受け止め方がなされたようである。たとえば家裁調査官の遠藤富士子は，せっかく家裁調査官が当事者の心を開かせて事情を聞き出してもそれを家事調停に使えないようでは，当事者にとっても二度手間になるし，家裁調査官が短い面接で聞き出せたようなことが調停にとっての決定的な情報になるなどという考え方は実際上担当者の思い上がりに過ぎないと捉えた（遠藤富士子 1992: 143-144 頁）。このような認識だけが理由ではないのではあろうが，むしろ，峻別論以降，福祉的機能ないし人間関係調整機能そのものへの取り組みが後退した（遠藤富士子 1992: 144 頁）[13]。

Ⅳ　ケースワークにおける当事者像とその捉え方への抵抗

ケースワークでは，支援を受けた上で主体的に責任を果たす当事者像を持つ。この考え方に，2 通りの抵抗を受けるように思える。

一つは，支援＝甘やかしであるとする見方である。私は，わが国で司法モデルと呼ばれる判断型の調停が人気を集める一つの理由が，この支援への抵抗感にあると見ている。支援によって当事者にとっての納得感のある出口が見つかれば，当事者が自主的に問題解決にあたることになるため，社会的資源の全体を考えるとむしろ効率的になる場合がある。しかし，喧嘩両成敗という言葉が示すように，依然として，問題を起こしたものが制裁を受けるのはよいが支援を受けるべきではないという社会通念が存在する。実際にかつて戦時中には，紛争を簡単に調停で処理するのは当事者のためというより国家共同体のためという発想[14]があった。現在に至っても，調停制度設置目的について見解の一致がない[15]。資源が不足している中で，支援に乗り出そう[16]とする実務家への理解が集まりにくいのは，資源の不足だけではなく，理論上の整理不足が影響していると考えられる。通念的思い込みと，予算等の資源不足が合わさって，合理的な制度形成が妨げられていると考えられるのである。

もう一つは，全く逆に，わが国の当事者はたとえ支援を受けた上でも，主体的に責任を果たすことはできないというパターナリスティックな発想からの抵抗がある。たとえば，家事調停の場面で，実際に，自分の人生の問題であるにも関わらず自分で決めることができないように見える当事者が存在するであろう。その経験から当事者に成り代わって答えを出し，それを受け入れるように説得する役割が，自らにあると確信していくのかもしれない[17]。しかし，当事者の将来という，神のみぞ知る領域の選択を，当事者に成り代わってなすべきとは，私にはとても思えないので

ある[18]。

　前者の抵抗（問題を起こしたものに支援を与えるのはけしからぬ）は社会一般にあり，後者の抵抗（オカミに下駄を預けたい）は当事者一般にあると見るならば，国民性の問題と受けとるのが自然であろうか。しかし，私はむしろ制度的問題であると認識している。つまり，前者の抵抗は，その積極的支援活動に必要な説明責任を果たすための制度的担保と資源が不足しているために生じていると見ている。家事相談を法制化してこなかった事実はその典型であろう。後者の抵抗は，当事者一般をそう見てしまいがちな調停委員等実務家側に研修プログラムが欠けていることを示しているに過ぎない。

V　今後の方向性

(1) 福祉的機能と米国等における現代調停モデルとの関係

　私は，峻別論が提起した問題意識に賛同しているが，結論においては異論を持っている。私は，(A)調停期日前の福祉的機能中心の手続（当事者に対する権利義務についての教育も必要と考える）に加えて，(B)調停期日としての福祉的機能を中心とした合意あっせん手続（対話型調停），(C)当事者対審構造を明確にした審判[19]の3つを峻別すべきであると考えている。他方，両磯野の議論では，(A)調停期日前の福祉的機能と，(C)調停期日中の法的機能の2つを峻別すべきと考えた。

　(B)に関して，私がコミットしている米国等で発展した現代調停のモデルは，学際的に，またそれ以前の実践からの経験的な知見を加えて，1980年代ごろに成立したと見られ

る[20]。したがって，ケースワークの発想だけが対話型調停モデルに影響を与えたという主張は行きすぎである。しかし，①当事者の主体的な参画・意思決定を尊重する点，②普遍的・一般的な解決を探すというより現実的に利用可能な資源を探索し，当該事案固有の問題解決・対処を模索する点，③専門分化というより人としての共通基盤に注目する点，④演繹的なものよりも帰納的・経験的な知見を重視する点などの観点で，対話型調停モデルとケースワーク思想はその中核部分で共通性を有すると思われる。

　むしろ相違点は，タイムスケールや投入される資源量にあると考えられる。つまり，対話型調停で前提とされている数時間・数回期日という短く限定された関わりに比べて，高齢者や障害者を対象とする多くのケースワーク実践（社会福祉実践，伝統的ケースワーク実践）では数ヶ月からそれ以上の期間をかけ，日常的にも当事者と深い関わりを持つという違いがある。その意味では，対話型調停モデルは，特別な形に限定されたケースワークの実践すなわち，期日内ケースワーク実践であるという位置づけすら可能であろう。

　期日内のケースワーク実践としての対話型調停について，古くの家裁調査官・石山勝巳の実践（石山勝巳1994），また家裁調査官・豊田洋子（豊田洋子1999）の実践，裁判官・井垣康弘の岸和田家裁での実践（井垣康弘1993）などの例もあり，近年の家裁調査官・小澤真嗣による論考（小澤真嗣2008）もある。また，研修手法としてロールプレイの試み（小林隆他2008），ビジュアル化の試み（大場康弘他2010），ナラティブアプローチの試み（渡辺さやか2008）[21]と様々あるが，それぞれ真

挚ながらいかにも細々としている。そろそろ手続の質の向上への取り組みを本格化すべきであると思われる[22]。調停委員に関して、対話型調停(B)と審判(C)それぞれに明確に担当を分け、そのうえでそれぞれの研修プログラムを整備すべきであろう。

期日外の伝統的ケースワーク(A)については、それを必要とする当事者が多数いることは明らかであろう。既に触れた福祉機関等の連絡調整という既存の活動でカバーできている領域は、おそらく当事者ニーズのごく一部にとどまる。家裁調査官が配置されていない家裁支部も残されており、すべてを家裁が自前で提供することは明らかに現実的ではない。しかし、いくつかの具体的活動メニューは示せるはずである。たとえば、当事者は自らの役割を引き受ける前提として自らの問題に向き合うための教育を受ける方向で調停手続の開始前に支援を受けることが考えられる。棚村政行は米国における家事調停手続き前の当事者教育の実情を紹介し、日本でも同様の手続を置くことを検討すべきであるとしている[23]。また、家事手続案内と呼び替えられた家事相談についても、いわゆる身上相談を含めて、むしろ積極的に位置づけ直すべきと思われる。

(2) ソシアル・コートの理想に向けて

言うまでもなく、家裁が建設された当時と現在の社会的状況は全く異なる。しかし、設立当初の家裁が掲げたソシアル・コートの理想[24]は、現在の司法あるいは現代社会において非常に必要とされているように思える。矢口洪一はインタビューに答え、戦後の裁判所で最も成功したのは家庭裁判所であるという我妻栄の発言を引用している（矢口洪一2004: 235頁）が、我妻、あるいは、矢口は、果たして現在の状況をどう見るのであろうか。

高度な説明責任を果たしながら、積極性を持って割に合わない実践を重ねる先駆者は昔も今も存在する。しかし、限られた先駆者を孤立させてしまうか、その活動を継続・発展させられるかについては、政策的な意思決定に基づいた制度的担保や資源配分と、彼らを取り巻く多数の普通の実務家や研究者ひとりひとりの仕事への構えに依存する。

前者の制度に関して、特に各地の実践をより持続的・組織的に実施できるような方向性で支援・制度化していく発想が必要であろう。わが国における司法文化はもともと中央集権性が強いが、いかに分権的[25]・自治的な形を広げ、福祉的機能を再度位置づけ直し育成していくかが問われているように思える。行政機関だけでなく、NPO等の新しい公共の担い手との協働を含めて考えれば、福祉的機能全ての活動を中央集権的に進めるのは限界があるからである。後者の実務家・研究者の心がまえに関連して、劣化を防ぎ再生を図るためにも、過去の、特に草創期の情熱ある議論や実践に学ぶべきであろう。

【引用文献】

浅見 宣義「労働審判方式を取り入れた民事紛争解決方式（L方式）について」判例時報2095巻（2011年）3-17頁

遠藤 富士子「調査官の調停関与—家庭裁判所の司法的機能と福祉的機能の接点」ケース研究（1992年）140-157頁

遠藤 富士子「家庭裁判所の福祉的機能の実現—事例を中心として」ケース研究239号（1994年）

36-48頁

堀尾 夕起子「児童福祉法28条事件の調査試論―家庭裁判所調査官の立場から（〔家庭裁判所調査官研修所〕創立45周年記念号）」調研紀要74号（2002年）49-65頁

市村 光一『家事調停の実証的研究』（司法研修所，1959年）

井垣 康弘「夫婦同席調停の活用について」ケース研究236号（1993年）70-88頁

入江 秀晃「個別化プロジェクトとしての調停」仲裁とADR第7号（2012年）114-121頁

入江 秀晃『現代調停論』（東京大学出版会，2013年）

石山 勝巳『対話による家庭紛争の克服―家裁でのケースワーク実践―』（近代文藝社，1994年）

磯野 富士子「家事事件の法的側面と人間関係調整の側面―イギリスの「峻別の原理」と日本の「融合の原理」法律時報30巻3号（1958年）13-20頁

磯野 富士子＝磯野 誠一『家族制度：淳風美俗を中心として』（岩波書店，1958年）

磯野 誠一「家事相談のあり方」ジュリスト359巻（1966年）26-29頁

岩瀬 純一『司法臨床におけるまなざし―家事調停にかかわるあなたへ』（日本加除出版，2008年）

梶村 太市『家族法学と家庭裁判所』（日本加除出版，2008年）

加藤 一郎他「家庭裁判所はいかに機能しうるか？―家庭裁判所30年の軌跡と課題」法学セミナー増刊（1979年）238-271頁

菊池 浩也＝藤田 正人「福岡地方裁判所における民事訴訟の運用改善に向けた取組」判例タイムズ62巻20号（2011年）52-75頁

小林 隆他「東京家庭裁判所における調停委員のためのロールプレイの実際」ケース研究297巻（2008年）101-114頁

小松 源助「ケースワーク」調研紀要（1993年）1-40頁

小松 源助他『リッチモンドソーシャル・ケースワーク：『社会的診断論』を中心に』（有斐閣，1979年）

小山 昇「家事調停委員はなにを期待されているか」ケース研究148号（1975年）2-14頁

馬杉 葉子「家庭裁判所と福祉機関との連絡調整」岡垣 學＝野田 愛子編『講座・実務家事審判法1』（日本評論社，1989年）281-294頁

中村 京子＝川後 誠『家事手続案内の研究』（司法協会，2008年）

中村 努他認定NPO法人ワンデーポート編『ギャンブル依存との向き合い方』（明石書店，2012年）

日本調停協会連合会『調停読本』（最高裁判所事務総局，1954年）

野田 愛子『家庭裁判所制度抄論』（西神田編集室，1985年）

野田 進『労働紛争解決ファイル：実践から理論へ』（労働開発研究会，2011年）

大場 康弘他「家事調停のビジュアル化を目指して」家裁調査官研究紀要11巻（2010年）20-41頁

小澤 真嗣「紛争管理論による家事調停事件への調査官関与」家裁調査官研究紀要8巻（2008年）90-129頁

斎藤 正人「家庭裁判所調査官の歴史-2」調研紀要44号（1983a年）1-46頁

斎藤 正人「家庭裁判所調査官の歴史-1」調研紀要43号（1983b年）1-18頁

瀬部 篤二「家事相談について」判例タイムズ747巻（1991年）523-524頁

島津 一郎「家事調停の問題点（調停の機能と課題）」ジュリスト489号（1971年）49-56頁

清水 研一他「座談会 家事事件手続法施行に向けて検討すべき課題」ケース研究311号（2012年）3-73頁

高橋 勝治「東京家庭裁判所における家事相談の実際」ジュリスト359巻（1966年）41-44頁

高野 耕一『家事調停論［増補版］』（信山社，2012年）

棚村 政行「アメリカの子の監護交流調整制度の実情と課題」戸籍時報603号（2006年）15-28頁

棚村 政行「これからの家族，これからの調停」ケース研究291号（2007年）3-37頁

谷口 太規「公益弁護士論 第12回 響き合う公共圏」法学セミナー57巻2号（2012年）40-43頁

東京家庭裁判所『家庭裁判所の制度と展望：家事部』（東京家庭裁判所，1970年）

豊田 洋子「合同面接・同席調停の技法について―家裁調査官の経験から」井上 治典＝佐藤 彰一 編『現代調停の技法～司法の未来～』（判例タイムズ社，1999年）120-141頁

我妻 栄『戦後における民法改正の経過』（日本評論新社，1956年）

我妻 栄他「家庭裁判所15年の歩みと当面の課題―家庭事件を中心として（座談会）」ジュリスト309号（1964年）10-27頁

渡辺 さやか「調査官における「物語」の展開」家裁調査官研究紀要8巻（2008年）143-153頁

矢口 洪一『矢口 洪一 オーラル・ヒストリー』（政策研究大学院大学COEオーラル政策研究プロジェクト，2004年）

注 釈

1 まとまった論考としては，磯野富士子（磯野 富士子 1958）を参照。その他，磯野誠一については，家事相談についての論考（磯野 誠一 1966）や，座談会（加藤 一郎他 1979，我妻 栄他 1964）の発言が参考になる。

2 家事調停の歴史的経緯を概観した文献として，以下を参照。（遠藤 富士子 1992，斎藤 正人 1983a，b，我妻 栄他 1964）また，初期の家事調停については，以下を参照。（市村 光一 1959）

3 ケースワークに関する理論的概説として，調停関係者向けに書かれたものとして，以下を参照。（小松 源助 1993）また，入門書として以下を参照。（小松 源助他 1979）

4 当事者の自己決定を支援する調停モデルであり，自主交渉援助型調停とも呼ばれる。拙書を参照。（入江 秀晃 2013: 19頁）

5 公益社団法人家庭問題情報センター（FPIC）では，有料での面会交流援助事業を行っている。また，棚村は，米国におけるケアを付した面会交流の取り組みを紹介している（棚村 政行 2007: 32頁）。

6 司法書士である稲村厚が理事長を務める認定NPO法人ワンデーポートは，ギャンブル依存問題に関するセルフ・ヘルプ・グループを中心とする活動を進めている。（中村 努他 2012）

7 法テラススタッフ弁護士である谷口太規は，社会福祉士等の福祉関係職専門家とケース会議を実施している。谷口による紹介は，以下の文献を参照。（谷口 太規 2012）ケース会議はケースワークにおける有力な手法として古くより活用されてきた。

8 業務としての法的根拠という「極めて次元の低い要望」（高橋 勝治 1966）は聞き入れられなかった。依然としてその状況が続いている（中村 京子＝川後 誠 2008: 8頁以下，瀬部 篤二 1991）。

福祉的機能再考

9 内藤頼博は,「いわば駆込み寺的な存在だった人事調停が,〔引用者注—戦後の家事審判制度によって〕ほんとうの夫婦・家庭の紛争解決の場に発展した」と発言している(我妻 栄他 1964: 12 頁)。

10 たとえば,『調停読本』では,人事調停制度を司法省のヒットとしている(日本調停協会連合会 1954: 31 頁)。羽仁もと子が調停委員に選ばれるなど,リベラルさが存在していたのは事実のようである。

11 以下の文献を参照。(磯野 富士子 = 磯野 誠一 1958: 62 頁以下,我妻 栄 1956)

12 梶村太市は,「これまでの実務家側の反応は,概して鈍く拒否的である」としている(梶村 太市 2008: 430 頁)。また,磯野誠一は座談会で 20 年来言ってきたことの蒸し返しは恥ずかしいと述べている。(加藤 一郎他 1979: 254 頁) なお,峻別論を受けて,東京家裁はカウンセリング室を設置した(東京家庭裁判所 1970: 255 頁)。

13 他に考えられる理由として,①家裁調査官の関心がケースワークから精神分析等心理面に傾斜していった(石山 勝巳 1994: 21 頁),②家裁調査官の調停関与が期日前中心から期日内中心に変わった(遠藤 富士子 1992: 145 頁)ため,それまでの蓄積が失われかえって主体的な取り組みが減少した,③担当者や地域による違いのない斉一的な処理が求められる傾向が強まった,④司法的機能が主軸で,福祉的機能はそれに奉仕する潤滑油に過ぎないという考え方(野田 愛子 1985: 232 頁,高野 耕一 2012: 194 頁)が支配的になった。

14 拙書における戦前の調停論を参照。(入江 秀晃 2013: 149 頁以下)

15 調停制度設置の考え方について,拙稿を参照。(入江 秀晃 2012)

16 福祉的機能において,「乗り出す」という積極性が必要である。受け身で処理する司法モデルとはここが異なる。遠藤は,福祉的機能の理念のひとつに「積極性」を挙げている。(遠藤 富士子 1994: 37 頁)

17 家裁調査官の岩瀬純一は,依頼される側の万能感への戒めを説いている。(岩瀬 純一 2008: 71 頁) 私は,調停トレーニングの一つの大きな目的がその克服にあると考えている。

18 私は,以下の小山昇の姿勢に賛同している。「……愛や道徳や自己抑制や同情や理解や寛容や忍耐を説教すべきものではありません。また,夫婦のそれぞれの人となりを科学的に調査しその結果にもとづいて,離婚か婚姻維持かを勧めることも危険であります。したがって,離婚すれば将来これこれの得とこれこれの失があると予想される,離婚しないときは将来これこれの失とこれこれの得があると予想される,というふうに,予測を参考として提供して,選択を当事者にまかせるほかはないと思います。」(小山 昇 1975: 7 頁)。

19 私は,裁判所における調停・審判の実践のすべてを対話型モデルとすべきという考え方は持っていない。まず,審判は,司法モデルにもとづいて厳格に実施すべきであり,当事者の対審構造をうまく活用すべきである。労働審判で導入された事前に主張立証を書面提出させる手続は,たとえば家事においても,富裕層の遺産分割などで有用ではないだろうか。(なお,労働審判の民事一般への拡張の動きもある。(浅見 宣義 2011,菊池 浩也 = 藤田 正人 2011))また,判断を重視するプロセスについても,拘束的なものに限定する必要はない。Arb-Med のように判断を終えた後に話し合いをするという手続の組合せも考えられる。それぞれの手続を明確化し,当事者と合意した上で,透明な形で実施するというスタンスが重要であると考える。労働分野に関して,調停の審判化,審判の調停化という病理を指摘したのは野田進である。(野田 進 2011: 288 頁)

20 現代調停に直接的に大きな影響を与えたのは,交渉理論であろう。Menkel-Meadow は 80 年代を golden-age と呼び,現代調停の形成期として重要であったことを述べている。米国における現代調停発展の経緯については,拙書を参照。(入江 秀晃 2013: 22 頁以下)

注　釈

21　当論考は少年事件を対象にした考察であるが，家事にも応用は可能であると考えられる。

22　現在，東京家裁で，「婚姻費用分担，養育費，面会交流，親権者変更，財産分与及び遺産分割等の各事件について，その審理の枠組みを示した『審理モデル』といわれるものを作成」（清水 研一他 2012: 68 頁竹内純一（裁判官）発言）されているようである。その内容を存じ上げないが，私としては，対話型調停モデルの活用についても検討を望みたいところである。

23　棚村が具体的に紹介しているのは，面会交流を伴う離婚調停に先立つ「父母教育プログラム」である。（棚村 政行 2006）　調停期日外に当事者を法情報の観点で教育する事例については，拙書を参照。（入江 秀晃 2013: 87 頁以下）

24　内藤発言。「社会性というのは，家庭裁判所の一つの理念です。家庭裁判所はソシアル・コートといわれるわけですが……」（我妻 栄他 1964: 22 頁）

25　米国では，州裁判所の独立性が強く，州によっては裁判官が選挙によって専任される。また，州の司法行政を担当する州司法長官（State Attorney General）は選挙によって選ばれる。地元の創意工夫に正統性（legitimacy）を持たせるための制度的工夫も必要であろう。

ICC仲裁におけるICC国際仲裁裁判所の役割

小田　博（おだ　ひろし）
ICC仲裁裁判所日本代表委員
ロンドン大学教授・弁護士（長島大野常松法律事務所顧問）・英国事務弁護士

はじめに

国際商業会議所（ICC）国際仲裁裁判所（以下，"ICC 裁判所"）は，今年で創設 90 周年を迎える。2011 年の統計では，ICC 裁判所は，796 件の新規仲裁申立てを受理した。ICC 仲裁で日本企業が当事者となるのは，他の諸国の企業と比べてそれほど多くはないが，2011 年に日本企業は申立人として 13 社，被申立人として 11 社が ICC 仲裁の当事者となった[1]。この年に自動車産業の分野で日本企業がドイツ企業を相手方として ICC に仲裁申立てを行ったことは，広く報道された。

ICC 仲裁規則は 2011 年に大幅に改訂された。その概要については改訂時に筆者が紹介したが[2]，本稿では，ICC 仲裁裁判所の役割に絞って検討することにしたい。なお，本稿の記述は，筆者の ICC 裁判所代表委員としての見解ではなく，個人的見解である。

ICC 裁判所は，その「仲裁裁判所」という名称自体により誤解されることがある。「仲裁裁判所」という名称自体は ICC 裁判所に固有のものではない。他にもロンドンの LCIA（ロンドン国際仲裁裁判所），モスクワの MKAS（国際商事仲裁裁判所）などが仲裁裁判所という名称を用いている。さきの日独自動車企業間の仲裁申立ての際にも，新聞報道では，「紛争を仲裁裁判に付託した」という表現がみられた。しかし，これらの機関は「仲裁裁判」を行う裁判所ではなく，仲裁により紛争を解決する仲裁機関である。しかも，これらの「裁判所」は，自ら仲裁を行うのではない。実際に仲裁を行うのは，仲裁廷である。

この点を明らかにするために，ICC 仲裁規則は，ICC 裁判所が ICC から独立した仲裁機関で独自の規程と内規をもつとした上で，以下のように規定する。

ICC 裁判所は自らは紛争を処理しない。裁判所は仲裁廷による紛争の解決を仲裁規則にしたがって管理する（規則 1 (2)）。

すなわち，ICC 裁判所は，それ自体が仲裁を行うのではなく，仲裁廷による仲裁手続を管理(administer and supervise)するのである[3]。

I　ICC 裁判所の組織と機能

ICC 裁判所は，所長（2012 年規則以来，President と称する），副所長，および各国代表委員から構成される。所長は，指名委員会の推薦にもとづいて ICC 理事会が 3 年の任期で選任する。裁判所の代表委員は，各国 1 名がその国の ICC 国内委員会により推薦され，理事会がこれを任命する。現在，代表委員は補充委員を含めて 125 名を数え，世界の主要国を網羅している。代表委員は，そのほとんどが仲裁を専門とする弁護士であるが，仲裁人の経験がある大学教授や元裁判官である場合もある。

代表委員は，具体的な事件で仲裁人として選任され，あるいは仲裁における counsel となることも多い。このような立場は，ICC 裁判所の総会や委員会会合で利益相反をもたらす場合がある。そこで代表委員本人や，その所属する法律事務所が関与した事件が総会や委員会会合で審議される場合には，その委員は退席することになっている。

ICC 裁判所の主要な機能は以下のとおりで

ある。

(1) 仲裁人の承認・任命等
(2) 仲裁人に対する忌避申立の審理
(3) 仲裁管轄の存否に関する蓋然的な判断
(4) 仲裁判断の審査
(5) 仲裁手続の進行のモニタリング
(6) 仲裁費用の管理
(7) 緊急仲裁人制度の運用

ICC裁判所には，その活動を補助するために事務局が設置されている。事務局は，ICC裁判所の「機関室」とも表現される。事務局はICC裁判所のさまざまな決定のための準備を行い，これを補佐するとともに個別事件の仲裁手続をモニターする。他の常設仲裁機関と比較してICC仲裁が優れているとされるのは，事務局による緻密な手続管理が行われることに負うところが大きい。

事務局は，事務総長が統括する。事務局本体はパリにあるが，2008年には香港事務所が設置され，近々ニューヨークに事務所の開設が予定されている。これにより，アジア，アメリカにおける仲裁申立てや仲裁廷との連絡など，手続が容易になることが期待されている。

事務局にはGeneral Counselの下に8チームが地域別，または言語別に組織され，個別事件の手続管理を行っている。各チームは1名のcounselと2ないし3名のdeputy counselから構成される。Counselの国籍は多様で，全体で25カ国の言語を用いることができる。事務総長は，当事者の国籍，仲裁地，言語，準拠法などを考慮して事件をどのチームに配分するかを決定する。

ICC裁判所の意思決定は，月に1回開催される総会，週に1回開催される委員会会合（committee meeting），または授権された範囲で所長の職権によって行われる。さらに，所長，副所長，事務総長，およびgeneral counselから構成されるbureauが諮問機関として機能している。裁判所の一般的な方針などはここで討議される。

裁判所総会は，所長，副所長，事務局メンバー，および各国代表委員が出席して行われる。総会では，書面で事務局，または仲裁人，ないしは当事者から事務局を介して提出された事項が審議される。仲裁人や仲裁の当事者が総会に出席して意見をのべることはできない。総会の審議は非公開であり，構成員には守秘義務がある。総会には，通常，30-40名の委員が出席して審議を行う。総会の決定は多数決によるが，実際に採決に至ることは多くはない。一方，委員会会合は，最低3名の代表委員が出席して開催される。所長，または副所長が会合の議長をつとめる。決定は，総会の場合と異なり，全員一致を要する。全員一致に至らない場合には，決定は総会に委ねられる。

II 仲裁廷の構成に関するICC裁判所の役割

ICC裁判所は，仲裁人を選任し，仲裁廷を構成する手続において重要な役割を果たしている。

裁判に対する商事仲裁の利点の一つとして，裁判では当事者は裁判官を選択できないが，仲裁では，仲裁人の選任に当事者の意思が反映されるという点があげられる。仲裁人

3名による仲裁の場合，一般的には当事者がそれぞれ仲裁人を選任し，その仲裁人が主任仲裁人を選ぶものと理解されている。しかし，厳密に言えば，ICCを含めた多くの常設仲裁機関では，当事者は仲裁人を指名するが，この指名は仲裁機関の承認を要するものとされる。ICC規則も同様である。当事者は，仲裁人を指名することができるが，この指名は裁判所の承認に服する。

指名された仲裁人は，そのavailability，公平（impartiality）・独立に関する宣明書に署名することを求められる。仲裁人の選任は，完全に当事者にゆだねられるのではなく，ICC裁判所が，当事者が指名した仲裁人が構成・独立であるか，また仲裁人として活動する時間的余裕があるかを審査して，承認の可否を決定するのである。この場合に，ICC裁判所の判断は，仲裁人に指名された者が提出した書面にもとづいて行われる。ICC裁判所が当事者指名の仲裁人を不承認とする件数は多くはないが，それでも年間20-30件に達する[4]。当事者が仲裁人を期限内に指名しなかった場合には，裁判所が仲裁人を任命することができる（規則12(4)）。

仲裁人の数は，1名（単独仲裁人），または3名であるが，当事者間にこの点について合意がない場合には，仲裁は原則として単独仲裁人によって行われる。ただし，ICC裁判所が，紛争が3名の仲裁人によって処理されるべきであると判断した場合は，この限りではない（規則12(2)）。仲裁人の数について当事者間に合意がない件数は，多くはないが，それでも年間100件程度はある。その8割でICC裁判所は，単独仲裁人による仲裁を選択する。裁判所は，単独仲裁人か，3名の仲裁人かを決定するにあたって係争額など，紛争の様々な要素を考慮にいれる。係争額が3000万ドルを超えるような事件では，3名の仲裁人による仲裁が一般的である一方，500万ドル以下で3名の仲裁人が選択されることはまれである[5]。

ICC裁判所が仲裁人を当事者の意思とは関わりなく任命することも可能である。たとえば当事者が，単独仲裁人の指名に合意できなかった場合には，ICC裁判所が仲裁人を任命する（規則12(4)）。また，3名の仲裁人による仲裁の場合には，当事者が仲裁人の指名手続に合意していない限りは，ICC裁判所が主任仲裁人を任命する。

ICC裁判所による仲裁人の任命は，いずれのICC国内委員会の推薦にもとづいて行われるのが原則であるが，一，または複数の当事者が国，または国の機関であると主張する組織であるとき，または裁判所が必要かつ適切と認める場合には，裁判所は仲裁人を国内委員会の推薦を経ずに直接任命することができる（規則13(3)(4)）。

なお，仲裁人の承認・任命は，仲裁人候補が提出した公平・独立に関する宣明が留保つきではない場合には，ICC裁判所ではなく，事務総長限りでなされることができる（規則13(2)）。

III 仲裁人に対する忌避申立ての審理

仲裁人に対する忌避申立ての審理は，ICC裁判所の重要な機能の一つである。規則は以下のように定める。

仲裁人の公平・独立性の欠如の主張，その他の理由にもとづく仲裁人に対する忌避申立ては，忌避申立ての根拠となる事実と状況を特定した文書により事務局に提出されなければならない（規則14(1)）。

裁判所は，忌避申立ての許容性，および必要な場合には，忌避の理由の有無について決定する。これに先立って，申立ての対象である仲裁人，ほかの仲裁人，相手方当事者の書面による意見が求められる（規則14(3)）。

忌避申立ては，裁判所の総会，または委員会会合で審理される。かつては忌避申立ては原則として総会の審議事項であったが，近年は，総会の審議事項の増加もあって，複雑ではない案件は，委員会会合で決定することが多い。仲裁人の公平・独立は事実関係によっては微妙な判断が要求されるが，こうした場合には総会の判断を仰ぐことになる。総会は多いときには1回7, 8件の忌避申立てを審理する。

総会の審議に先立って，事務局は，事実関係の説明や各種の証拠を添付して，申立てに関する意見を総会に提出する。総会では，代表委員の1人がこれらの資料にもとづいて報告を行い，申立てを認めるか否か，勧告し，これにもとづいて討議が行われる。仲裁人は法律事務所のパートナーである場合が多いが，その事務所と一方当事者との現在・過去の関係などが問題とされることがあり，どこまでの関係が仲裁人の公平・独立に影響を与えるとみるべきか，意見の一致をみないことも少なくない。大手法律事務所では，仲裁人であるパートナーの関係しないところに仲裁の当事者との間に接点があることもありうる。総会では，実際に採決が行われることは少ないが，忌避申立てに関しては意見が割れて採決に至ることも稀ではない。

ICC仲裁では，仲裁人忌避申立ての件数自体が多くはないが，申立てが認められる例は極めて少ない。2011年の統計では，39件の申立てがあったが，ICC裁判所が申立てを認めたのは，3件であった。忌避が認められた件数は，年間5件を超えたことはない[6]。

ICC裁判所による仲裁人の任命，承認，忌避申立ての認容等の決定は終局的（裁判所は決定を再審理しない）であり，また決定には理由が付されない（規則11(4)）。忌避申立てに対する裁判所の決定の理由を裁判所が開示しないことはしばしば批判される。申立てを斥けられた当事者がその理由の開示を求めることも少なくない。2011年の規則改訂の際にもこれが公開性の観点から批判された。しかし，総会における実際の討議は多様であり，決定の理由を具体的に明示することは実際上困難であるということで，理由不開示の制度は維持された。

Ⅳ　手続管理

ICC仲裁の特色の一つは，仲裁手続の過程をICC裁判所事務局（具体的には事件を担当するcounsel）が仲裁廷や当事者と密接な連絡をとりつつ，規則所定の期限や手続日程表が守られているか，また規則が遵守されているかをモニターすることである。事務局は，必要な場合には仲裁廷に手続違反の是正や手続の促進を求める。例外的ではあるが，ICC裁判所所長が，仲裁廷に一定の措置をとるように求める場合もある。

今日，仲裁を利用する企業の間では，「仲裁はあまりに高価であり，また時間がかかりすぎる」という認識が形成されている[7]。ICCでは，仲裁の時間とコストを削減する手法について勧告をまとめていたが，2011年規則改訂により，規則にこの点に関する新規定が追加され，この勧告は，規則のAppendixとして付加された。改正規則では，これまでにも実践されていたcase management meetingが制度として義務化された。また仲裁廷による仲裁の手続日程表の作成も義務的である。

ICC裁判所の役割として重要であるのは，仲裁廷が事件の管轄権をもつか否かに関する暫定的決定を行うことである。規則は以下のように規定する。

　仲裁申立ての相手方が答弁書を提出しなかったとき，または仲裁合意の存否，効力，ないしは範囲，あるいはすべての請求が単一の仲裁手続で処理されるべきであるかについて異議を申し立てたときは，仲裁手続は進行するものとし，仲裁管轄，またはすべての請求がその仲裁手続で審理されるべきか否かは，事務総長がこれを総会に付託しない限り，直接仲裁廷により決定される（規則6(3)）。

これは「仲裁管轄」の有無の問題を誰が決定するかという問題であるが，1998年規則と異なり，2012年規則では，まず事務総長が問題の予備審査を行い，必要と判断した場合にICC裁判所の判断を求めるものとされた。ICC裁判所の判断を事務総長が求めた場合には，ICC裁判所は，当該事件について仲裁管轄があるか（仲裁手続を進めるべきであるか），どの範囲で管轄権があるかについて暫定的な判断を行う。

仲裁手続は，ICC裁判所でICC仲裁規則にしたがった仲裁合意が存在する可能性を蓋然的に認めた場合に，その限度において進められる（6(4)）。

この制度は，仲裁管轄の存否や範囲が明らかではない場合であっても，ICC裁判所がその蓋然性を認めた場合には，手続を先に進めて，最終的に仲裁廷の判断をまつという趣旨である。「暫定的」とされるのは，確定的な判断は仲裁廷が行うことが前提となるからである。これによって仲裁手続の冒頭での遅延を避けられるという利点がある。

なお，この暫定的判断は，仲裁廷を拘束しない。裁判所が，仲裁管轄があると判断しても，仲裁廷は，当事者の主張の許容性や理由の有無について異なった判断ができる（同条）。

V　裁判所による仲裁判断の審査

規則によれば，仲裁判断は，仲裁事項確定書に仲裁人が署名してから6カ月以内に下されなければならない（規則30(1)）。改訂規則によれば，ICC裁判所は手続工程表にしたがって，これとは異なった期限を設定することができる。実際にはこれが原則であり，通常，hearingの終了後，8-12週間の期限が裁判所により設定される。

仲裁廷は，仲裁判断を作成した後，これに署名する前に，仲裁判断草案を裁判所に提出しなければならない。ICC裁判所が仲裁判断

V 裁判所による仲裁判断の審査

草案を承認する前に仲裁廷が当事者にこれを開示することは禁じられている。

この場合の仲裁判断とは,終局判断のみならず,部分的,または中間判断や当事者の同意にもとづく判断を含む。2007-2011年に審査された仲裁判断のうち66％が終局判断であり,部分的判断が26％,同意にもとづく判断が8％であった[8]。

ICC裁判所による仲裁判断の審査制度の主眼は,仲裁判断の質の維持もさることながら,仲裁判断の執行が拒絶されたり,裁判手続により取り消される可能性を減少させることにある。ICC仲裁における仲裁判断は一般的には質が高いが,それでも仲裁人の経験が少ない場合や,経験があっても仲裁人が多忙である場合などには,疑問がある仲裁判断もありうる。このような場合に裁判所による審査は有益である。この仲裁判断審査制度は,ICC仲裁に特有なもので,仲裁の利用者にとって大きな利点である。

仲裁判断審査制度について,規則は次のように定める。

> 裁判所は,仲裁判断の形式について修正を指示し（lay down）,また,仲裁廷の決定の自由を損なうことなく,仲裁判断の実体に関して仲裁廷の注意を喚起することができる。いかなる仲裁判断も,裁判所がその形式に関して承認を与えなければ下されることはない（規則33）。

「審査」の原語はreviewではなくscrutinyであり,この制度が単なる審査ではなく,詳細に及ぶ「精査」であることを示している。

仲裁判断を作成するのは,もとより仲裁廷の権限であり,裁判所はこれに介入することはできない。裁判所は,仲裁廷の判断を自己の判断に置き換えることはできないのである。仲裁判断の実体面に問題が発見された場合には,裁判所は,仲裁廷に仲裁判断の変更を求めるのではなく,その「注意を喚起する」に止まるのである。

2010年に裁判所事務局は仲裁人のための仲裁判断チェックリストを作成し,仲裁人に一件書類とともにこれを交付している。しかし,裁判所による審査は,チェックリストの項目に限定されるものではない。

仲裁判断草案の審査は,ICC裁判所の総会,または委員会会合で行われる。仲裁判断は,さまざまな言語で作成されるが,ICC裁判所は,これらを英語,またはフランス語に翻訳して裁判所の審査に付する。最近では,翻訳の費用と時間を節約するために,ドイツ語,スペイン語,ポルトガル語の仲裁判断については,これらの言語に堪能な委員で構成される委員会で審査が行われるようになった。

実際の審査手続では,まず事件を担当するcounselが仲裁廷が事務局に提出した仲裁判断草案に目を通し,形式的・手続的な点について仲裁廷に助言する。ついでcounselは草案に関する自己の意見をまとめ,総会,または委員会会合にこれを提出する。大多数の事件では,仲裁判断は委員会会合で審査される。しかし,月に1回開かれる総会でも,通常9-10件の仲裁判断草案が審査される。当事者が国,または国の機関であると主張する組織である場合,仲裁判断に反対意見が付されている場合,または特に問題があるとみられる仲裁判断草案は,総会の審理に付される。委員会会合による審査の場合には,草案が一件

ファイルとともに，会合に参加する委員に送られ，審議される。これに対して，事件が総会の審査にかかる場合には，代表委員の一人が報告者として仲裁判断草案を精査し，総会において報告し，草案を承認するか否かの勧告を行う。報告者には仲裁事項確認書を含めて詳細な資料が送られる。総会に参加する委員には，事前に草案と関連資料が配布される。

総会における審査は，報告者の報告と勧告をそのまま承認する場合も少なくないが，活発な議論が行われた結果，勧告が修正されることも少なくない。総会には事件を担当したcounselも出席し，意見をのべるとともに，質問に答える。

報告者の報告はしばしば詳細に及び，仲裁判断の論理の一貫性，齟齬の有無，説明の不足や不明確性などが指摘される。仲裁判断の実体面（形式と実体を区別することはしばしば困難であるが）として，たとえば仲裁判断が仲裁合意の範囲内にあるか否か，あるいは争点がすべて応えられているか否かの他，法の適用や解釈の問題も提起され，討議される。

仲裁判断草案が，仲裁廷が提出したままの形で承認されることは稀である。統計によれば，2007-2011年に審査された終局的仲裁判断草案で，そのままの形で承認されたのは5％に止まり，また9％の仲裁判断が不承認とされている[9]。残りの86％は条件付き承認（approval subject to modification）である。この場合は，総会で指摘された問題点を担当counselが仲裁廷に伝達し，仲裁廷が仲裁判断を修正することになる。この数値は，仲裁判断の審査制度が有効に機能している証左である。

ICC裁判所の意見が仲裁廷に伝達されたのち，通常は，仲裁廷とICC裁判所事務局との協議の結果，仲裁廷が裁判所の見解を受け入れる場合が多いが，ときには仲裁廷が自己の見解に固執する場合がある。この場合に裁判所の見解が優越することはなく，裁判所に自己の見解を仲裁廷に強制する権限はない。しかし，裁判所の意見を考慮することすら拒否した仲裁人に裁判所が更迭手続をとった例はある。

VI 仲裁手続の費用に関するICC裁判所の役割

ICC裁判所は，仲裁人の報酬，費用，裁判所の管理費用を算定する（これについては規則に算定表が添付されている）とともに，当事者の合理的なlegal costその他の費用の額を決定する（規則37(1)(2)）。ICC裁判所による仲裁判断の審査にあたっては，これらの点も対象とされる。仲裁人の報酬に関しては，ICC裁判所に一定の裁量権がある。仲裁人の報酬に関しては，ICC裁判所は，時間の他，手続きの迅速性，仲裁人の効率性，事件の複雑性のほか，仲裁判断草案提出の期限の遵守なども考慮に入れる。

結　語

以上にみたように，ICC仲裁の手続においては，ICC裁判所がきわめて大きな役割を果たしている。ICC仲裁の質が高いことはユーザーである企業の間で広く認められている。その一方でICC仲裁はコストがかさむことが批判されることもある。しかし，ICC裁判所による緻密な手続管理を考慮すれば，この

批判は必ずしも当たらない。そもそも仲裁のコストの大きな部分を占めているのは，仲裁人の報酬や仲裁機関の費用ではなく，弁護士報酬であることは多くの論者が指摘しているとおりである。手続の迅速性・効率性は，こうしたコストを削減する重要な要素であり，ICC裁判所による手続管理は，この点で仲裁利用者の要求に応えるものである。

また，ICC裁判所による仲裁判断審査制度は，仲裁判断の質を高めるためにきわめて有効である。統計が示すとおり審査は単なる形式に止まらない。この制度の下では，各国から集まった仲裁専門家によって仲裁判断草案が詳細に検討される。この審査によって仲裁判断の将来の執行の可能性が担保されるのである。これは他の常設仲裁機関には見られないICC独特の制度であり，ICC仲裁の信頼性を高めることに大きく貢献していると言えよう。

注　釈

1　*ICC Bulletin* 2012 No.1.
2　小田博「2012年ICC規則の改訂」「ジュリスト」2011年12月15日号。規則の邦訳は，http://www.ICCjapan.org/book/chusai-ADR-rules.pdf 参照，新規則については，他にJ.Grierson and A.van Hooft, Introduction to the ICC Rules of Arbitration, 2012 がある。
3　J.Fry et als., *The Secretariat's Guide to ICC Arbitration*（以下 "Guide"），Paris 2012, p.17
4　*Guide*, p.126.
5　*Guide*, p.139.
6　*Guide*, p.174.
7　2009.4.22 ICC仲裁委員会におけるC.A.Clarke報告。
8　*Guide*, p.331.
9　*Guide*, p.334.

日本仲裁人協会の歩み

日本仲裁人協会の歩み

日本仲裁人協会の歩み

＊（　）内所蔵および肩書きは当時

2003年
- 10月16日： 設立総会／記念シンポジウム
  基調講演：青山善充理事（成蹊大学教授）「新仲裁法の制定と今後の仲裁実務」
- 11月20日： 研究部会ADR分科会：廣田尚久（大東文化大学教授）：最終提案仲裁及び最終提案調停(1)
- 11月29～30日：（後援）第2回インターカレッジ・ネゴシエーション・コンペティション，澤田壽夫理事長・花水征一・ロバート・F・グロンディンが審査員を担当
- 12月10日： 研究部会：澤田壽夫：仲裁人の倫理

2004年
- 1月6日・ 9日：野沢法務大臣と澤田が面談。但木法務事務次官を澤田，川村，花水，及川が訪問。協会設立経緯を説明。法人化，能力担保等研修機関指定等につき協力を要請。
- 1月21日： 研究部会ADR分科会：廣田尚久：最終提案仲裁及び最終提案調停(2)
- 1月30日： 広報・国際部：ADR Japan編集会議：JAA情報のADR Japanサイト掲載について
- 2月24日： 企画部会：公開講演会：ダニエル・ワインスタイン（Daniel Weinstein）元判事「どのような仲裁人・調停人教育を行ったらよいか」
- 3月25日： 研究部会ADR分科会：廣田尚久・佐藤彰一・中村芳彦：最終提案仲裁及び最終提案調停(3)
- 4月15日～18日：（後援）英国仲裁人協会（Chartered Institute of Arbitrators）主催：「仲裁人入門コース」，「特別会員上級コース」
- 4月22日：（後援）日本商事仲裁協会主催シンポジウム：「新仲裁法とADR新時代」：廣田尚久・中村達也・小林正浩が講師となる。
- 5月1日： 日本仲裁人協会会報第1号発行
- 5月12日： ユージーン・D・ガランド（E.D.Gulland, 弁護士）講演会：「商事紛争における国際仲裁──全ての日本企業が知らなければならないこと」
- 5月12日： 研究部会（仲裁分科会・ADR分科会合同）：園高明（東弁），渡部晃（一弁），出井直樹（二弁・基調報告）：「新仲裁法と仲裁機関について(1)──弁護士会仲裁センター」：新仲裁法に伴う問題点，規則の改正などについて研究・討議
- 5月27日： 業務・責任分担一覧発効
- 5月28日： 第1回通常総会，記念講演：谷口安平（顧問・WTO上級委員）「仲裁の活用，WTOの問題」，三木浩一（慶應義塾大学教授）「UNCITRALの動向」，懇親会
- 6月14日： 大韓仲裁人協会（KAA）洪裕碩理事来訪：JAA/KAA交流行事協議
- 7月1日： ウィトモア・グレイ（Whitmore Gray, ミシガン大学名誉教授）講演会：「国際仲裁において適用される準拠法の具体的な内容」

7月7日： 研究部会(仲裁分科会・ADR分科会合同)：松元俊夫(海運集会所)，中村達也(JCAA)，廣田尚久(建築紛争審査会)：「新仲裁法と仲裁機関について(2)――仲裁機関」:新仲裁法に伴う問題点，規則の改正などについて研究・討議

7月13日： 第5回常務理事会で会員提案企画実施に関するお願い採択

8月17日： 協会公式ウェブサイト試験運用開始

9月　　： 西川元啓の斡旋による，日本経済団体連合会の経済Trend 9月号掲載のインタビューで，澤田理事長が，民間主導の仲裁・調停を育成する重要性を説き，協会の活動を紹介，企業の協力を期待した

9月14日： 澤田理事長が経営法友会例会で「国際商事仲裁の現状と展望」と題して講演，協会の設立意義を説明，企業人の協力を要請

9月14日： 研究部会(仲裁分科会)：「海外会議報告」：松元俊夫(International Congress of Maritime Arbitrations)，大貫雅晴(International Council for Commercial Arbitration)，高桑昭(International Law Association)：各海外会議での議論の報告意見交換

10月21日： 第1回仲裁人研修講座(全10回)開講，講師陣：井原一雄(弁護士，井原法律事務所)，柏木昇(中央大学教授，元三菱商事法務部長代行)，小杉丈夫(弁護士，松尾綜合法律事務所パートナー)，澤田壽夫(弁護士，ICC国際仲裁裁判所副所長)，田中豊(弁護士，元東京地方裁判所判事)，手塚裕之(弁護士，西村ときわ法律事務所パートナー)，中村達也(国士舘大学助教授，日本商事仲裁協会国際仲裁部長)，花水征一(弁護士，ユアサハラ法律特許事務所パートナー)，松元俊夫(日本海運集会所専務理事)

10月27日： 研究部会(ADR分科会)：裁判所とは独立したADRの意義と個別具体的問題点：基調報告：鈴木仁志「日本知的財産仲裁センターについて」，司会：大澤恒夫

11月19日：研究部会(仲裁分科会)：「UNCITRAL」：三木浩一(UNCITRALにおける議題の検討)，手塚裕之(UNCITRAL Model法のアジア太平洋各国における受容状況)

12月1日： 澤田理事長，日本商事仲裁協会がニューヨークで開催したセミナーにおいて，2004 Japanese Arbitration Law-its links with the UNCRITRAL Model Law and ADR Lawと題して報告

2005 年

1月14日： 第1回仲裁人研修講座：最終回：①模擬仲裁(Mock Arbitration)の実施――国際特許ライセンス契約――論点：暫定保全措置，文書提出命令，保護命令等――，②修了証の授与

1月・2月：商事調停WG(ワーキンググループ)：調停人養成基礎講座(大阪1月26日～28日，東京：2月7日～9日)

1月27日： 研究・研修部会合同：山川隆一(慶應義塾大学教授)，藤田耕三，中山慈夫(弁護士)，宮里邦

日本仲裁人協会の歩み

　　　　　　　　雄(弁護士)「労働審判制度」
2月14日：　研究部会(仲裁分科会)：デイビット・A・リブダール(D.A.Livdahl, 弁護士)講演：「中国における国際仲裁」
4　月　　：　日本仲裁人協会会報第2号発行
　　　　　　　上記のほか理事会・常務理事会・各部会等は，次の通り開催された。事務局に保管されているより詳細な記録の会員による閲覧は可能である。
　　　　　　　理事会：2003年10/16, 2004年4/23, 11/11, 常務理事会：2003年11/16, 2004年1/14, 3/3, 5/27, 7/13, 9/9, 2005年1/13, 3/10, 研修部会：2003年12/5, 2004年2/4, 4/21, 6/16, 7/21, 9/6, 10/14, 12/16, 商事調停WG：2003年12/11, 2004年1/29, 7/30, 8/23, 10/1, 10/26, 11/10, 11/18, 12/10, 12/17, 2005年1/21, 2/21, 民事調停WG：2004年9/24, 10/14, 11/17, 2/22, 仲裁練熟認定研修課程WG：11/19, 研究部会全体会議：2004年2/6, 研究部会(仲裁分科会)幹事会：2004年3/22, 2005年1/20, 研究部会(ADR分科会)幹事会, 2004年2/25, 3/10, 4/21, 12/10, 2005年2/9, 企画部会：2004年1/27, 2/4, 2/24, 広報・国際部会：2004年7/8, ウェブサイト運営委員会：10/4, 11/2, ADR Japan編集会議：2004年6/4, 9/26, 事務局会議, 2004年2/5, 2/25, 3/3, 4/8, 4/23, 5/11, 5/27, 7/13, 9/9, 11/11, 2005年1/13, 2/17
10月21日：　谷口安平理事長就任(理事会選任)
10月31日：　研修部会
11月 9日：　社団法人日本仲裁人協会設立総会・常務理事会
11月17日：　研究部会仲裁分科会研究講座「仲裁における証拠法の問題Ⅰ～国際仲裁における秘匿特権・秘密保持～」(手塚裕之)
11月24日：　研究部会幹事会
12月 5日：　法務大臣による社団法人設立認可。登記により，社団法人日本仲裁人協会設立
12月13日：　仲裁人研修課程(全10講)開講
12月15日：　関西支部総会

2006年

1月13日：　社団法人として第1回理事会を開催。谷口安平理事長外, 8名の常務理事を選任し, 評議員22名, 顧問の委嘱を決定。なお, 仲裁人検定規則を制定。
1月23日：　研究部会仲裁分科会研究講座「仲裁における証拠法の問題Ⅱ～仲裁における証拠収集～」(古田啓昌)
2月21日：　役員・評議員・顧問・事務局等の協会運営関係者の懇談会開催
2月23日：　研究部会幹事会
3月 1日：　社団法人日本仲裁人協会設立祝賀会(記念式典・記念パーティー)
　　　　　　　式典において杉浦正建法務大臣より祝辞を賜る。
3月 1日：　研究部会倫理規程W.G.

3月9日： 常務理事会, 研修部会
3月10日： 第2回仲裁人研修課程終了
3月17日： 研究部会仲裁分科会研究講座「仲裁における証拠法の問題Ⅲ～仲裁における鑑定および専門家証人～」(出井直樹, 酒井ひとみ)
3月29日： 研修部会
4月11日： 研究部会倫理規程W.G.
4月12日： 検定委員会
5月8日： 研修部会
5月11日： 第2回理事会, 研究部会倫理規程W.G.
5月16日： 研究部会幹事会
5月31日： 2006年度通常総会：記念講演(大川宏)
6月8日： 検定委員会
6月12日： 民事調停研修会
6月14日： 第3回理事会, 研究部会研究講座：仲裁人倫理規程の検討
7月5日： 研修部会
7月6日： 研究部会幹事会
7月13日： 研究部会研究講座「日本のドメイン紛争処理の検討」(早川吉尚)
7月20日： 研究部会倫理規程W.G.
7月24日： 研究部会幹事会
7月25日： 検定委員会
7月27日： 第1回仲裁人検定試験(2日目は8/3に実施)
9月6日： 常務理事会
9月14日： 研究部会研究講座「取り消された仲裁判断の承認執行」(小川和茂)
9月19日： 研修部会
10月3日： 第2回検定試験
　　　　　関西支部第2回国際商事仲裁セミナー「国際契約における仲裁条項」
10月16日： 研究部会研究講座「ISO(国際標準化機構)におけるADR国際規格案」(山田文)
11月22日： 研究部会幹事会
11月28日： 仲裁人倫理規程の検討Ⅱ
12月1日： 理事会
12月7日： 調停人養成講座・初級編開講(全5講)
12月8日： 関西支部総会・第3回国際商事仲裁セミナー「国際商事仲裁の最新事情」

2007年

1月12日： 研修部会

日本仲裁人協会の歩み

　1月29日： 研究部会研究講座「仲裁判断の既判力」(古田啓昌)
　2月1日： 研修部会
　2月7日： 第5回理事会
　2月20日： 研究部会研究講座「国際建設仲裁について」(大本俊彦)
　2月28日： 関西支部第4回国際商事仲裁セミナー「仲裁人をめぐる諸問題」
　3月7日： 2007年度通常総会・仲裁の日記念パネルディスカッション
　3月16日： 研究部会研究講座「UNCITRAL国際商事仲裁モデル法の2006年改正とUNCITRAL仲裁規則改正作業の動向」(三木浩一)
　3月19日： 研究部会幹事会
　3月26日： 研修部会
　4月3日： 仲裁人実務研修講座開講(全10講)
　5月11日： 研究部会研究講座「ADR法の現在の状況及び認証制度の運用について」(内堀宏達)
　6月18日： 事務局会議
　6月20日： 研究部会研究講座「スポーツ仲裁制度の概略及びスポーツ仲裁判断の検討」(小川和茂)
　7月4日： 2007年度仲裁人実務研修講座(関西支部)開講(全10講)
　7月6日： 第3回常務理事会
　7月13日： 研究部会研究講座「医療ADRの現状と課題」(和田仁孝)
　7月31日： 研究部会研究講座「投資協定の現状について」(鈴木潤一郎)
　9月12日： 第6回理事会
　9月25日： 研究部会研究講座「英国仲裁人協会(CIArb)における仲裁人研修制度及びその内容について」(高取芳宏,ヘイグ オヒガン及びIan de Stains会員)
　9月27日： 2007年度臨時総会・第7回理事会
　10月5日： 2007年度調停人養成講座・中級編開講(全6回)
　10月9日： 研究部会研究講座「わが国の仲裁事件における裁判所による証拠調べ」(内藤純也)
　10月26日： 第4回常務理事会
　11月19日： 研究部会研究講座「2007年IBAシンガポール大会報告」(手塚裕之,日下部真治)
　12月5日： 研究部会研究講座「調停トレーニングの企画と編成」(入江秀晃)
　12月26日： 第5回常務理事会

2008年

　1月22日： 研究部会研究講座「労働審判法」(佐村浩之)
　1月25日： 第6回常務理事会
　2月4日： 第8回理事会
　2月28日： 研究部会研究講座「仲裁費用について」(中村達也)

3月10日：仲裁の日記念行事「仲裁の現状と将来」(三木浩一)・通常総会
3月12日：法務省立入検査
3月17日：セミナー「国際仲裁の実務と問題点〜日本における国際仲裁の将来〜」(後援)
3月24日：研究部会研究講座「国際電子商取引における消費者紛争と"ADR"」(沢田登志子)
4月28日：第7回常務理事会
5月21日：研究部会研究講座「2007年ICC仲裁裁判所事務局でのstagiaireについて」(井口直樹)
6月30日：研究部会研究講座「ドーピング紛争仲裁について」(宍戸一樹)
7月10日：2008年度仲裁人実務研修講座(関西支部)開講(全10講)
7月17日：研修部会
7月31日：研究部会研究講座「投資協定の現状について」(鈴木潤一郎)
9月2日：事務局会議
9月5日：研修部会
9月8日：第8回常務理事会
9月16日：調停人研修講師事前打ち合わせ
9月25日：研究部会研究講座「第7回ODR Forum in CANADA(The 2008International Forum on Online Dispute Resolution)のご報告」(万代栄一郎)
10月15日：事務局会議
　　　　　研究部会研究講座「金融ADR・オンブズマン制度について」(築瀬捨治, 犬飼重仁)
10月16日：研修部会・研究部会意見交換
11月11日：第9回常務理事会
11月12日：調停人養成講座・基礎編開講(全5講)
11月17日：研究部会研究講座「JCAAとVIACのJVによる日越ビジネス紛争処理パネル設置構想」(佐藤安信)
11月18日：国際商事仲裁セミナー「商事仲裁と投資仲裁の現状と将来」(ルーク・ノッテージ氏)(JAA関西支部・JCAA大阪事務所・大阪商工会議所主催)
12月1日：事務局会議
12月8日：研究部会研究講座「グローバル社会での仲裁の諸相と役割」(谷口安平)
12月10日：第10回常務理事会・第9回理事会
12月16日：国際仲裁セミナー「インドにおける国際商事仲裁の現状」JCAA・JAA主催)
　　　　　講師　Dr. Luke Nottage(シドニー大学法学部教授, オーストラリア国際商事仲裁センター規則制定委員会委員)

2009 年

1月20日：研究部会研究講座「大学における仲裁・交渉教育：インターカレッジ・ネゴシエーション・コンペティションの現状と課題」森下哲朗(上智大学法科大学院教授)

日本仲裁人協会の歩み

1月26日：事務局会議
1月30日：研修部会
2月2日：研究部会幹事会
2月16日：第11回常務理事会・第10回理事会（2009年度第1回）
3月3日：事務局会議
3月13日：2009年度通常総会
　　　　　仲裁の日記念行事「仲裁とリーガルプロフェッション」
　　　　　川村明（アンダーソン・毛利・友常法律事務所パートナー弁護士,国際法曹協会（IBA）副会長）
　　　　　第11回理事会（2009年度第2回）
3月19日：研究部会研究講座「コンピュータソフトウェアに係わるADR」三木茂（弁護士,財団法人ソフトウェア情報センター理事・ソフトウェア紛争解決センター運営委員会委員長）
3月27日：関西支部・2009年度仲裁人検定試験
4月8日：仲裁人研修入門講座打合せ
4月17日：研修部会
4月17日：事務局会議
4月24日：関西支部・2009年度仲裁人検定試験
5月8日：第12回常務理事会
5月11日：研修部会,事務局会議
5月22日：研究部会研究講座「IPBA 2009年マニラ大会Enforcement Panelに関するご報告」手塚裕之（西村あさひ法律事務所パートナー弁護士・ニューヨーク州弁護士）
6月8日：仲裁入門講座（1回）
6月15日：事務局会議
6月26日：講演 パリの視点-ICC仲裁の経験と日本の仲裁
　　　　　（日本仲裁人協会・英国仲裁人協会東京支部共催）
　　　　　スピーカー：Jennifer Kirby（ジェニファー・カービー）米国弁護士（前ICC国際仲裁裁判所事務次長（Deputy Secretary General）），Herbert Smith（法律事務所パートナー弁護士（パリ事務所））
6月30日：第13回常務理事会
6月30日：研究部会研究講座「ADR法の現状」小原正敏（弁護士,大阪弁護士会），西村俊之（一般社団法人日本商事仲裁協会）
7月8日〜9月25日（10回）：仲裁人研修講座（関西支部）
　　　　　開催日：7月8日,7月17日,7月22日,7月30日,8月5日,8月20日,8月28日,9月10日,9月16日,9月25日
7月9日：研究部会幹事会

7月13日： 研修部会
7月23日： 研究部会研究講座「仲裁判断に対する司法審査の可否に関する合意及び関連諸問題について」(高取芳宏(弁護士・ポールヘイスティングス法律事務所・外国法共同事業パートナー・訴訟部長,日本及びニューヨーク州弁護士),ジョンE.ポーター(John E. Porter)(弁護士・ポールヘイスティングス・ジャノフスキー・アンド・ウォーカーLLP　パートナー,カリフォルニア州弁護士),古田啓昌(弁護士・アンダーソン・毛利・友常法律事務所パートナー,日本及びニューヨーク州弁護士))
8月10日： 調停技法勉強会(準備会)
8月27日： 事務局会議
9月7日： 第14回常務理事会
9月14日～2010年3月15日（7回）:調停技法勉強会
　　　　開催日:9月14日,10月20日,11月16日,12月15日,1月19日,
　　　　2月16日,3月15日
9月28日～10月26日（4回）:仲裁手続研修講座(関東)
　　　　開催日:9月28日,10月2日,10月19日,10月26日
9月29日： 研究部会研究講座「業界型ADRの可能性と課題」中村芳彦(法政大学大学院法務研究科教授・弁護士)
10月2日： 講演 シンガポールから見た国際仲裁と日本企業
　　　　(日本商事仲裁協会・日本海運集会所・環太平洋法曹協会共催)
　　　　スピーカー・演題
　　　　弁護士スレシュ・ディヴィアナーザン(Suresh Divyanathan)(シンガポール弁護士
　　　　　　Director, Drew & Napier LLC, Singapore)
　　　　「シンガポールにおける国際仲裁」'International Arbitrations in Singapore'
　　　　　　弁護士ジミー・イム(Jimmy Yim, SC)(シンガポール弁護士(シニア・カウンセル)
　　　　　　Managing Director, Drew & Napier LLC, Singapore)
　　　　「国際仲裁における日本の企業文化に関する諸問題」
　　　　　　'Cultural Issues for Japanese Companies in International Arbitration'
10月23日： 研究部会研究講座「投資協定仲裁の現在」早川吉尚(立教大学教授)
11月10日： 事務局会議
11月13日～12月3日（3回）:仲裁人研修講座Ⅰ(実務論点整理)(関東)
　　　　開催日:11月13日,11月26日,12月3日
11月20日： 研究部会研究講座「国民生活センターによる消費者紛争に関するADR」森大樹(消費者庁消費者安全課課長補佐(法規)前内閣府国民生活局総務課課長補佐),枝窪歩夢(独立行政法人国民生活センター 紛争解決委員会事務局)
11月25日： 第15回常務理事会

日本仲裁人協会の歩み

12月14日： 研究部会研究講座「IBA証拠規則の改訂状況」IBA仲裁委員会前副委員長・IBA証拠規則改訂小委員会委員の手塚裕之(西村あさひ法律事務所パートナー弁護士・ニューヨーク州弁護士)

2010 年

1月14日： 研修部会
1月18日： 研究部会研究講座「事業再生ＡＤＲについて」須藤英章(東京富士法律事務所代表弁護士)
2月3日： 理事会,研修部会
2月4日～2月5日（2回）：仲裁人研修講座（模擬仲裁）(関東)
2月9日： 関西支部・2010年度仲裁人検定試験
2月23日： 関東・2010年度仲裁人検定試験
2月26日： 関東・2010年度仲裁人検定試験
3月1日： 通常総会
仲裁の日記念行事「アジアにおけるADRの新たな可能性～ベトナム,カンボジアの事例から」佐藤安信(東京大学大学院総合文化研究科教授)
3月12日： 研究部会研究講座「ICC国際仲裁裁判所とその機能」小田博(ロンドン大学(UCL)法学部教授・法学博士(東京大学),長島・大野・常松法律事務所 顧問弁護士)
3月15日： 研修部会
5月18日： 研究部会研究講座「労働委員会制度の現状と課題」森戸英幸(上智大学法学部教授,東京都労働委員会公益委員)
6月10日： 仲裁入門講座
6月29日： 研究部会研究講座「ICC仲裁の現在～仲裁規則改正作業からの考察～」早川吉尚(立教大学法学部教授,弁護士)
7月7日： 常務理事会
7月17日～7月19日：調停人養成講座(基礎編)(関東)
7月21日～7月28日：仲裁手続研修講座(関東・全4講)
7月27日： 研究部会研究講座「調停における実務上の諸問題研究・活動と研究例のご報告」入江秀晃(九州大学大学院法学研究院准教授),井出直樹(弁護士,大東文化大学法科大学院教授),田沼浩(司法書士,駒澤大学講師)
8月30日： 関西支部・国際商事仲裁セミナー「国際仲裁条項のドラフティングDo & Don't」(一般社団法人日本商事仲裁協会大阪事務所,大阪商工会議所,当協会関西支部共催)
9月6日： 常務理事会
9月18日～9月20日：調停人養成講座(中級編)(関東)
9月25日： 研究部会研究講座「(1)ケースマネージメントの方法,(2)ADR手続における相手方の応諾

　　　　　確保について」安藤信明（司法書士，当協会理事），和田直人（静岡大学大学院法務研究科准教授）
　9月22日〜11月24日：仲裁人実務研修講座（関西・全10講）
10月21日：　研究部会研究講座「仲裁人候補者名簿の効用について」松元俊夫（社団法人日本海運集会所アドヴァイザー，当協会常務理事）
11月15日：　研究部会研究講座「GLOBAL ARBITRAL INSTITUTIONS: CIArb and ICC」（HARRIET YOSHIDA LEWIS（外国法事務弁護士）KIM KIT OW（Regional Director, ICC Arbitration and ADR, Asia, ICC International Court of Arbitration and ICC Dispute Resolution Services））
11月11日〜2011年1月20日：仲裁人研修講座（実践編）（関東・全6講）
11月24日：　理事会
12月1日：　関西支部・国際商事仲裁セミナー「中国・ベトナムとの間の国際商事仲裁・訴訟の到達点」（一般社団法人日本商事仲裁協会大阪事務所，大阪商工会議所，当協会関西支部共催）

2011年

　1月24日：　研究部会研究講座「国際家事調停制度の構築に向けて」鈴木五十三（弁護士，日本仲裁人協会国際家事調停プロジェクトチーム座長），大谷美紀子（弁護士，同メンバー）
　2月7日：　理事会
　2月18日：　研究部会研究講座「仲裁と証言録取手続」土井悦生（パートナー弁護士・フォーリー・ラードナー法律事務所），早川吉尚（立教大学教授，弁護士）
　2月22日，24日：仲裁人検定試験（関東）
　3月1日：　仲裁の日記念行事セミナー「紛争解決学の出発点と現在の到達点」廣田尚久（弁護士，元大東文化大学環境創造学部教授，元法政大学法法科大学院教授）
　　　　　2011年度通常総会，理事会，常務理事会
　3月13日：　関西支部・後援行事「第4回模擬仲裁日本大会」（主催・国際商取引学会）
　3月17日：　関西支部・国際商事仲裁セミナー「中国・インド関係の商取引紛争解決のための国際仲裁〜アジア諸仲裁機関利用の実務的ガイダンス」（一般社団法人日本商事仲裁協会大阪人住所，Herbert Smith LLP，大阪商工会議所，当協会関西支部共催）
　4月8日及び4月13日：関西支部・仲裁人検定試験
　4月26日：　研究部会研究講座「ベトナムにおける仲裁──法令と実務」Chau Huy Quang（ベトナム弁護士，LCT Lawyersホーチミン・シティ事務所パートナー）
　4月26日：　研究部会研究講座「UNCITRALにおける投資協定仲裁手続の透明性基準作成作業について」濵本正太郎（京都大学大学院法学研究科教授，UNCITRAL第二作業部会日本政府代表）
　4月8日，13日：仲裁人検定試験（関西）

日本仲裁人協会の歩み

- 5月11日：研究部会研究講座「仲裁法における強行規定の範囲」小川和茂（立教大学および法政大学法学部兼任講師）
- 5月13日：常務理事会
- 6月17日：研究部会研究講座「UNCITRAL Online Dispute Resolution作業部会について」早川吉尚（立教大学教授，弁護士，UNCITRAL第Ⅲ作業部会日本政府代表）
- 7月11日：常務理事会
- 7月29日：研究部会研究講座「いわゆる「地デジADR」（受信障害対策紛争処理事業）の実際と日弁連ADRセンターの取組」渡部晃（日本弁護士連合会ADR（裁判外紛争解決機関）センター委員長）
- 8月26日：関西支部「ハーグ条約の批准と国際的面接交流・国際家事調停シンポジウム」
- 9月21日：理事会
- 9月27日：研究部会研究講座「倒産と仲裁」手塚裕之（パートナー弁護士・西村あさひ法律事務所）
- 10月13日：関西支部・国際紛争解決セミナー「インド進出に伴う紛争とその解決～インドにおける訴訟・仲裁から執行，紛争事例を踏まえた紛争解決条項まで～」
- 10月27日：研究部会研究講座「ADR法見直しに向けた課題――日本ADR協会によるアンケートの結果を中心に――」垣内秀介（東京大学准教授・日本ADR協会ADR調査企画委員会委員）
- 11月9日：研究部会研究講座「カナダにおけるADRの現状及びその実務」小川和茂（法政大学・立教大学非常勤講師）
- 11月29日：常務理事会
- 12月7日：「アメリカ仲裁協会（AAA）／国際紛争解決センター（ICDR）における国際商事仲裁の実務」井上葵（弁護士・アンダーソン・毛利・友常法律事務所，日本仲裁人協会事務局次長（研修部会担当）
- 12月14日：研究部会研究講座「原子力損害賠償ADR」出井直樹（弁護士・原子力損害賠償紛争解決センター和解仲介室次長）
- 12月15日：関西支部・国際紛争解決セミナー「国際仲裁，ADR等の多様な紛争解決手段の有効な活用方法」

2012年

- 1月20日：研究部会研究講座「新ICC仲裁規則」早川吉尚（立教大学教授，弁護士）
- 2月2日：関西支部・研究会「米国調停の経験」
- 2月4日：関西支部・紛争解決シンポジウム「ビジネス紛争――企業，弁護士，ADR機関の立場から見た紛争とその解決――」
- 2月7日：理事会
- 2月26日：関西支部・後援行事「第5回模擬仲裁日本大会」（主催・国際商取引学会）
- 3月1日：通常総会

3月7日：研究部会研究講座「仲裁における証拠収集──JAMSにおけるデポジション事例の紹介等」髙取芳宏（オリック東京法律事務所・外国法共同事業　訴訟部代表パートナー　英国仲裁人協会（CIArb.）日本支部共同支部長）

3月14日：関西支部・国際商事仲裁セミナー「アジア紛争解決の実務──東南アジア，インドにおける紛争解決──」

3月31日：関西支部「模擬国際家事調停」

4月7日：関西支部・研究会「ドイツにおけるハーグ子の連去り条約の実務」

4月9日：研究部会研究講座「IBA仲裁条項ドラフティング・ガイドライン　日本語訳プロジェクトの報告とビジネス・実務での活用方法」井出直樹（弁護士），コメンテーター茅野みつる（伊藤忠商事・カリフォルニア州弁護士）

4月20日：関西支部・2012年度仲裁人検定試験

5月9日：研究部会研究講座「消費者庁越境消費者センター（CCJ）への相談に見る消費者取引のクロスボーダー化」沢田登志子（一般財団法人ECネットワーク理事）

5月29日：模擬国際仲裁セミナー（共同主催：英国仲裁人協会（CIArb）日本支部，一般社団法人日本商事仲裁協会・東京商工会議所，大阪商工会議所）

5月23日：常務理事会

6月19日：研究部会研究講座「イギリスの視点から見た商事仲裁Commercial Arbitration from an English Perspective」ニール H. アンドリュース（イギリス・ケンブリッジ大学教授）

7月10日：常務理事会

7月24日：研究部会研究講座「英国におけるスポーツ仲裁」宍戸一樹（弁護士・弁護士法人 瓜生・糸賀法律事務所）

8月24日：関西支部「アジア進出の実務と紛争解決──インドネシア・タイ・ベトナム・ミャンマーの進出を比較して──」

8月28日：関西支部「アジアの仲裁センターを目指す研究会──アジアビジネスにおける国際仲裁の活用──」

9月3日：研究部会研究講座「IBAにおけるCounsel Conduct in International Arbitrationにかかるガイドライン（国際仲裁における代理人の行為規範に関するガイドライン）の動向」小原淳見（弁護士・長島・大野・常松法律事務所）

9月26日：理事会

10月3日：研究部会研究講座「『地デジADRの総括』──期間限定ADRの課題とその成功の裏側──」山本純一（総務省テレビ受信者支援センター・統括本部部長）

10月10日：研究部会研究講座「American Arbitration Associationにおける商事紛争調停の実務」Michele S. Riley氏（ニューヨーク州弁護士）

10月25日：関西支部「アラブの民主化と法と女性」

11月5日：関西支部・国際商事仲裁セミナー「仲裁条項及び仲裁手続の開始における諸問題」

日本仲裁人協会の歩み

11月14日：　関西支部・研究会「企業法務の観点から見た仲裁手続き」
11月29日：　研究部会研究講座「ハーグ子の奪取条約とADR——ハーグ子の奪取条約事案における
　　　　　　ADRの重要性と課題——」大谷美紀子（弁護士，社団法人日本仲裁人協会理事，同国際家事
　　　　　　調停PT委員）
12月3日：　関西支部・国際ADRセミナー「ハーグ条約の批准と友好的解決——外国人に利用される国
　　　　　　際家事調停を目指して——」